KAROLINA ZOLUBAK

SCHWANGER
Schafft

FAVORITEN
PRESSE

VORWORT

von Marlene Hellene

Vierzig Wochen. Vierzig Wochen, die ein Leben erschaffen. Vierzig Wochen, die ein Leben verändern.

Kaum ein Ereignis im Leben einer Frau ist einschneidender als eine Schwangerschaft. Eine Reise, beginnend mit einem zweiten Strich auf einem Plastikstäbchen aus der Drogerie. Ein zweiter Strich, ganz leicht oder dick und fett, der die alles entscheidende Frage klärt, aber tausend weitere aus Hirn und Herz lockt. Ein Strich, der die Welt bedeutet und sie gleichermaßen erschüttert. Ein Strich, aus dem Leben werden soll. Und Liebe. Die ganz große.

Ein Kind! Ein Zellhaufen erst. Klitzeklein und fragil. Hände, die erstaunt über den noch flachen Bauch streichen. Ein Kichern. Ein Lächeln. Das Gefühl von Glück. Und gleichzeitig drängen sich die Sorgen an die Oberfläche. Was kostet eigentlich ein Wickeltisch? Wo soll mein Kind aufwachsen und wie um alles in der Welt soll ich das eigentlich alles schaffen? Hilfe! Juhu!

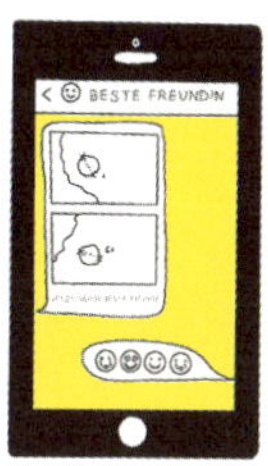

Eine Schwangerschaft wird oft als die Zeit der guten Hoffnung, als die Zeit des großen Glücks beschrieben. Wenig liebt unsere Gesellschaft mehr als runde Babybäuche unter strahlendem Lächeln. Aber wo bleiben denn die vielen anderen Gefühle, die Schwangere durchleben? Kaum ein Zustand im Leben ist mehr von Gefühlen geprägt. Und deren Ambivalenz. Angst neben Freude. Sorgen neben Erwartungen. Oder manchmal auch nur Übelkeit neben Heißhunger.

Achterbahnfahren macht Spaß, aber wenn die Fahrt vierzig Wochen andauert und immer wieder neue Twists und Turns bereithält, dann kann das zuweilen schon sehr anstrengend werden. Auch wenn es nur die Achterbahn der Gefühle ist. Vor allem, wenn der eigene Körper sich dabei auf eine völlig neue und fremde Art verändert. Wenn die Brüste wachsen und schmerzen. Wenn die hübsche Taille verschwindet und der Bauch nach zu viel Pasta und Tiramisu aussieht, obwohl man seit Wochen nur trockenen Zwieback drinnen behalten kann. Und oh, diese Übelkeit erst. Wenn schon der Geruch des neuen Parfums der Kollegin einen vor Ekel zur Toilette sprinten lässt.

Kaum ist eine Frau schwanger, wird sie zum Allgemeingut. Nie bekommt Frau so viele gute Tipps, so viele ungebetene Ratschläge wie während der Schwangerschaft. Ihre eigenen Entscheidungen werden plötzlich von einem öffentlichen Plenum in Frage gestellt und ihre Gefühle oft belächelt. Eigene Grenzen? Nein, nicht für die Schwangere! Da wollen alle mitreden, mitmischen und vor allem: unbedingt mal anfassen. Gefragt wird höchstens rhetorisch. Die Erlaubnis wird vorausgesetzt. Schließlich meinen es doch alle nur gut. Oje!

Die Zeit schreitet voran, der Bauch wird immer dicker, der Zellhaufen wird immer mehr zu einem richtigen Baby. Voller Ehrfurcht bestaunen wir Ultraschallaufnahmen, zählen Gliedmaßen und lächeln über die klitzekleine Stupsnase. So richtig fassen können wir es kaum. Kann es wirklich sein, dass wir – die wir nicht einmal einen Papierflieger basteln können – in der Lage sind so ein Wunder zu erschaffen? Nicht zu glauben und doch, die ersten Tritte machen es wahr. Du bist wirklich da. Wie aufregend! Wie schön!

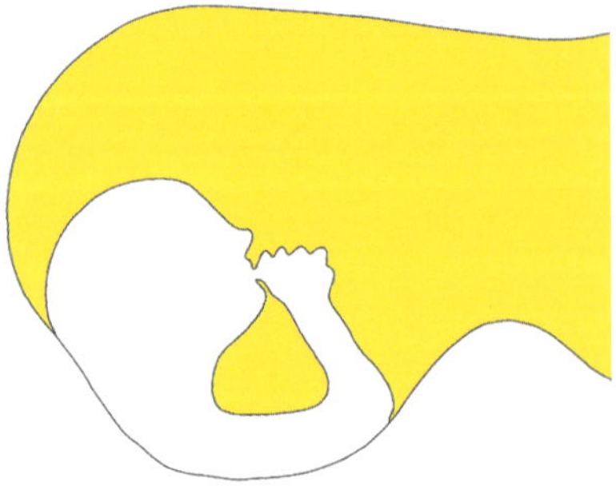

Und dennoch: Eine Schwangerschaft besteht nicht nur aus Glück und Puderzucker. Sie ist mit Angst, mit Schmerz und Unsicherheit verbunden. Mit körperlichen Einschränkungen und Veränderungen, die eben nicht ausschließlich toll sind. Mit Nöten und Sorgen. Mit Kinderwägen vom Flohmarkt und gebrauchter Babykleidung. Mit verlassenden Vätern und Zukunftsangst. Mit Inkontinenz und Geburtstraumata. Mit so vielen Facetten. Mit so vielen Lebensmodellen und Entscheidungen. So individuell und einzigartig.

Sobald eine Frau schwanger ist, trifft sie Entscheidungen nicht mehr nur für sich alleine. Ab diesem Moment geht es um mehr als das eigene Leben. Wie aufregend und beängstigtend gleichermaßen. Ab jetzt will jemand mitgedacht werden. Ob es bei der Frage ist, ob Sushi gegessen werden darf, wie der Kinderwagen eigentlich in den dritten Stock kommen soll bis hin zu der Frage an sich selbst, ob man eigentlich völlig den Verstand verloren hat, etwas so Kostbares und Verletzliches in diese durchgeknallte Welt zu entlassen.

Die Schwangerschaft ist eine ganz besondere, einzigartige Reise. Eine Reise in ein neues Leben. Der eigene Körper beherbergt plötzlich einen weiteren Körper. Die kostbarste Fracht der Welt. Wow, wie unvorstellbar. Ein klitzekleiner Mensch nährt sich an uns, schafft sich Platz. Er isst mit uns, trinkt mit uns, teilt unser Blut. Er wächst in uns, schiebt unsere Organe zu Seite, drückt uns auf den Magen, sitzt auf unserer Blase, boxt in unsere Rippen, tritt in unsere Leber. Er nimmt sich, was er braucht; er holt sich, was er benötigt. Und irgendwann, wenn er fertig ist mit Nehmen und Wachsen, wenn die mütterlichen Organe keinen Millimeter mehr Platz machen, dann kämpft er sich raus. Raus aus unserem Körper. Gewaltig und kraftvoll. Unter Schmerzen, bisher unbekannt, mit einer Kraft, von der man nicht ahnte, sie zu haben und mit einer Wucht, die unvergleichbar ist.

Karolina Zolubaks Buch hat mich gepackt. Hat mich an der Hand genommen und geflüstert: „Weißt Du noch? Genau so war es. So wunderschön. So lustig. So beängstigend. So schlimm. So aufregend.“ Und ich nicke und lächle und sehe alles wieder vor mir, fühle sie wieder, die ganze Palette der Gefühle.

Karolina zeigt uns ehrlich, intim, voller Emotionen und mit wunderbaren Bildern, wie eine Schwangerschaft das Leben einer Frau in allen Facetten beeinflusst. Sie befreit von unrealistischen Erwartungen und nimmt damit Druck. Um Frauen ihre Schwangerschaft leben zu lassen, so zu erleben, wie es sich für sie richtig anfühlt. Selbstbestimmt und frei!

2 MONAT

WOCHE 5–8

Das ist ein Plus. Das bedeutet ich bin schwanger! Ich bin schwanger! Jaa! Was? Schritz! Was? Ah ja... Deswegen roch das komisch... Ich wusste es! Ich wusste es nicht! Ich muss es ihm sagen. Ich kann ihn nicht anrufen. Ich muss jemanden anrufen! Schritz! Das ist großartig! Ich habe eine solche Angst! Ich bin so glücklich! Wie schaffen wir das nur? Wie komme ich in den 5. Stock? In welcher Woche bin ich eigentlich... ?!?!?!

Willst du noch etwas länger schlafen?
aufwachen!
piep!
08:00
piep!
piep!
Klar! Das ist doch meine letzte Chance auf Schlaf, oder?

BAR
einen Gin-Tonic und einen Tonic bitte
Aber bitte lass' es wie zwei Gin-Tonic aussehen!

Das ist ein Käse - Pasta - Food - Baby Bauch, kein wirklicher Babybauch, wollte ich nur mal sagen …
Yhmm … (Jetzt bloß nichts falsches sagen!)

KÄTZCHEN

Wieso weinst du ?
Ich habe ein Kätzchen gesehen
Er hat mich auf eine merkwürdige Art angeschaut
Ich darf diesen Käse nicht essen.
Dieses Lied ist so wunderschön
Ich bin so traurig
Ich bin so glücklich
Ich habe solche Angst

Meine Brüste tun soo weh! Wieso kann ich nicht schlafen? Ich habe Angst!
Wie sollen wir das nur finanziell schaffen? Wir sind verloren! Ich habe Angst!

SMALL TALK MOMENTAN

MAGISCHER BH

Jeden morgen

ES IST SO VERDAMMT HART

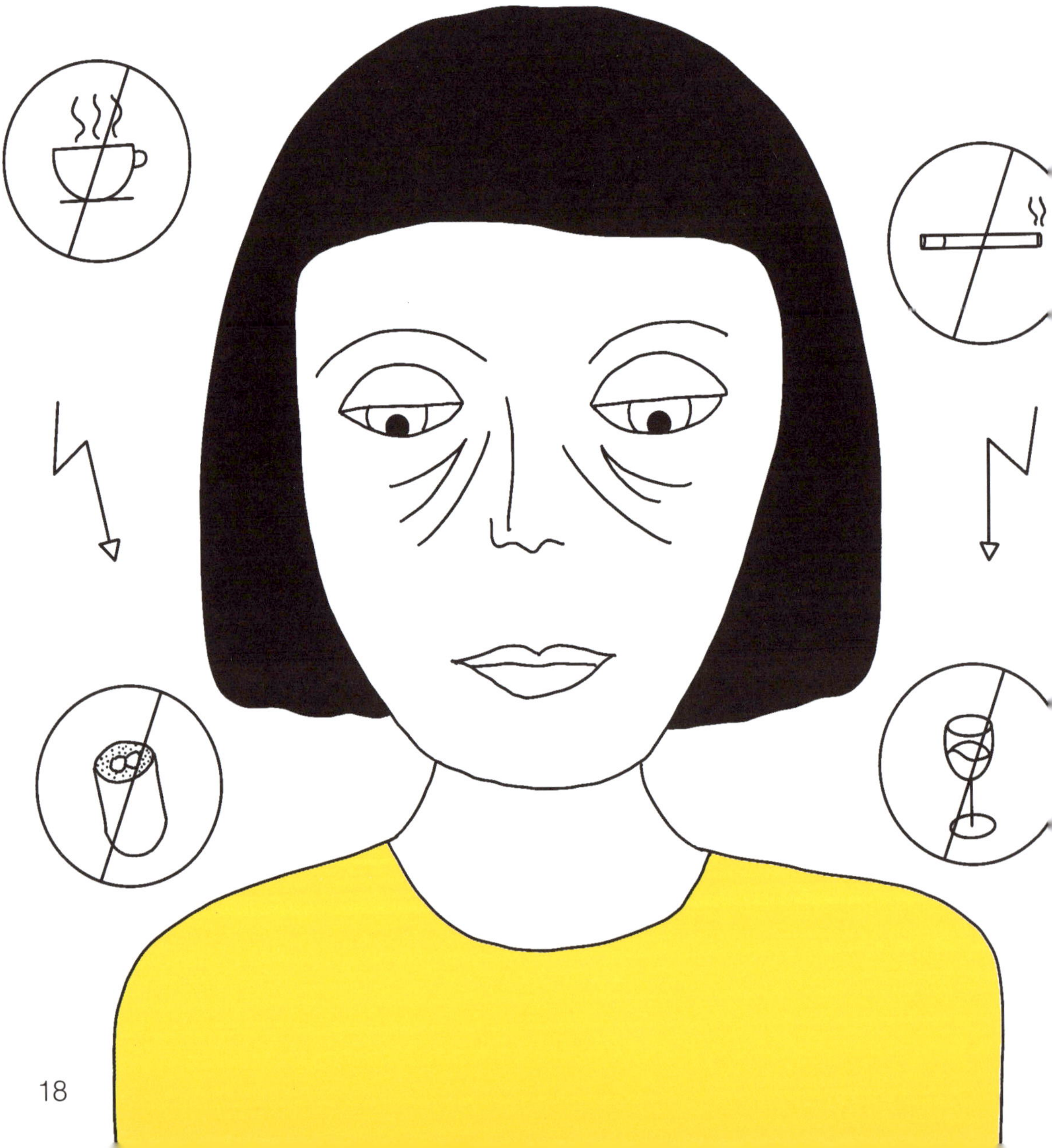

HALLELUJA

Also ... keine Schmerzmittel, keine Ärzte, aber dafür eine Badewanne und gemütliches Licht?

IM KRANKENHAUS GEBÄREN
- BADEWANNE
- ALTERNATIVE THERAPIEN
- ÄRZTE
- SCHMERZMITTEL
Ok! Das verstehe ich!

NOTLÜGEN

Alkoholfrei? Bist du auch schwanger?
Quatsch! Habe Probleme mit dem Magen ... (und damit, dich anzulügen).
ALK
ALK
ALK
ALK
0%
ALK

AHH, JETZT GEHT DAS LOS...

WAS WICHTIG IST
Finanzen
Karriere
Versicherungen
Geld
Haus
Timing
WAS WIRKLICH WICHTIG IST
Ich.
Das Baby.
Wir.

MEIN VERSTECKTER HANDY-ORDNER

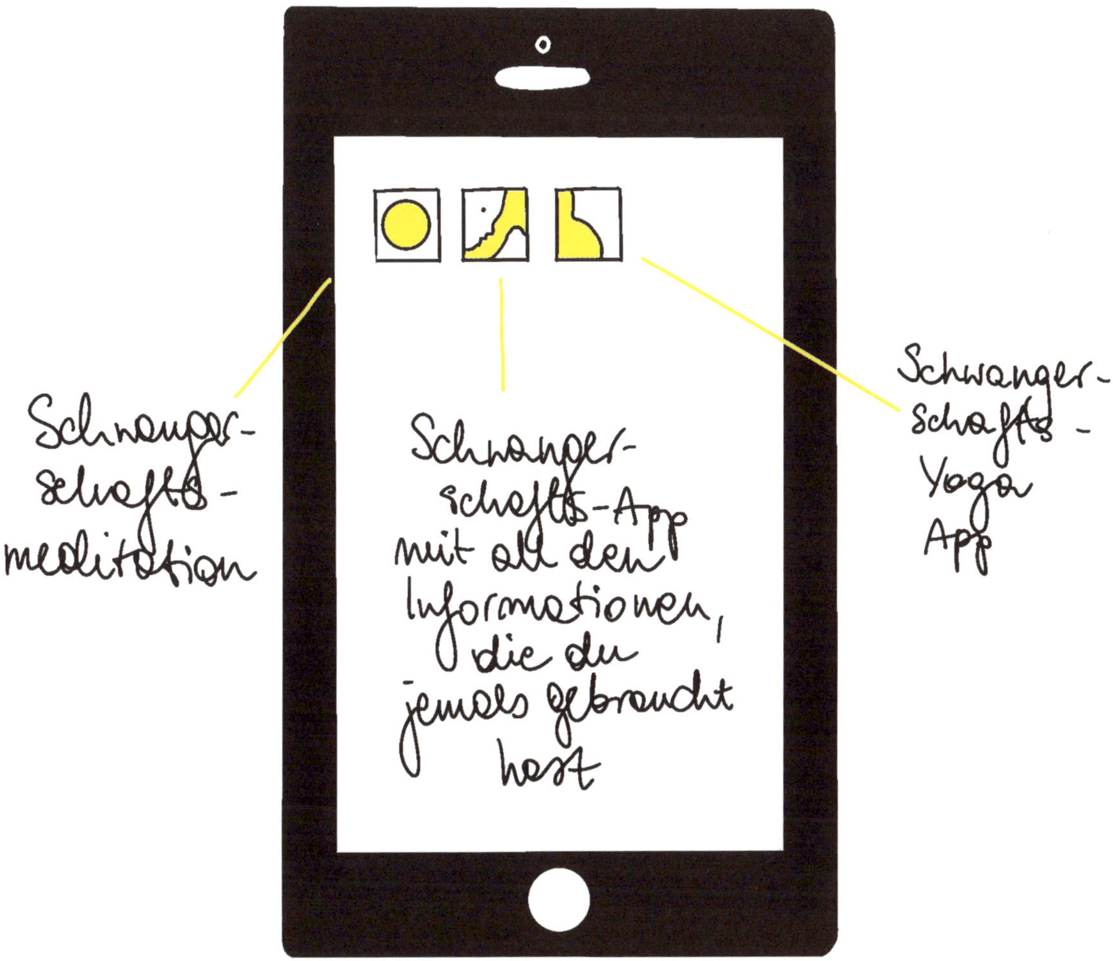

Ich freue mich doch nicht viel zu früh, niemals …

NORMALES YOGA?

DAS SIND EINFACHE ASANAS!
WIESO BIN ICH SO SCHNELL
AUßER ATEM?

AUF ARBEIT

Willst du einen Kaffee? Hier, ich hab' dir schon einen gemacht. Wann bestellen wir Sushi?
Ja, danke, cool. Bald, ok? (Ich hasse dich!)

WOCHE 8 FÄNGT AN

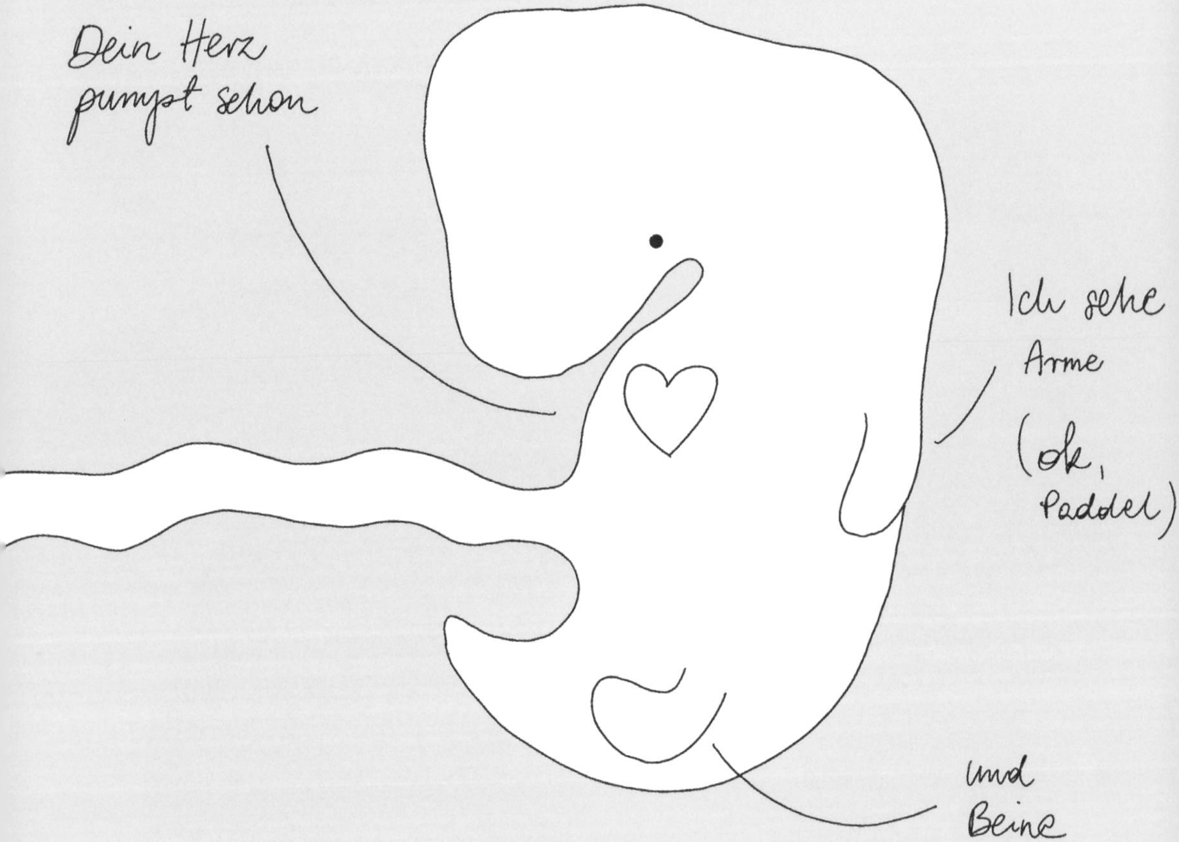

Wie kann ich jetzt schon stolz sein?

FUNNEL
ONLINE PRODUKTE
AUTOMATISIERUNG
DIGITALISIERUNG
Jetzt schnell noch das Business so aufstellen, dass ich beides hinkriege ...

BABYGERUCH

Ich weiß, wir sprechen über's Business, aber mach mal 'ne Pause und lass mich dieses süße Baby riechen!

Auf einmal ist er da …

… der Ernst des Lebens

PLOPP

GELÜSTE

Ich bin durch die ganze Stadt gefahren, um eine Portion

Wäre ich nicht schwanger, würde ich mir ernsthafte Sorgen machen.

3 MONAT

WOCHE 9-12

KLEINE FORTSCHRITTE

NUR UM SICHER ZU GEHEN

Was ich momentan für

eine 2,5-Stunden-Fahrt packe:

(Was denn? Und wenn es einen Stau gibt?!)

WIR HABEN DEINEN HERZSCHLAG GESEHEN

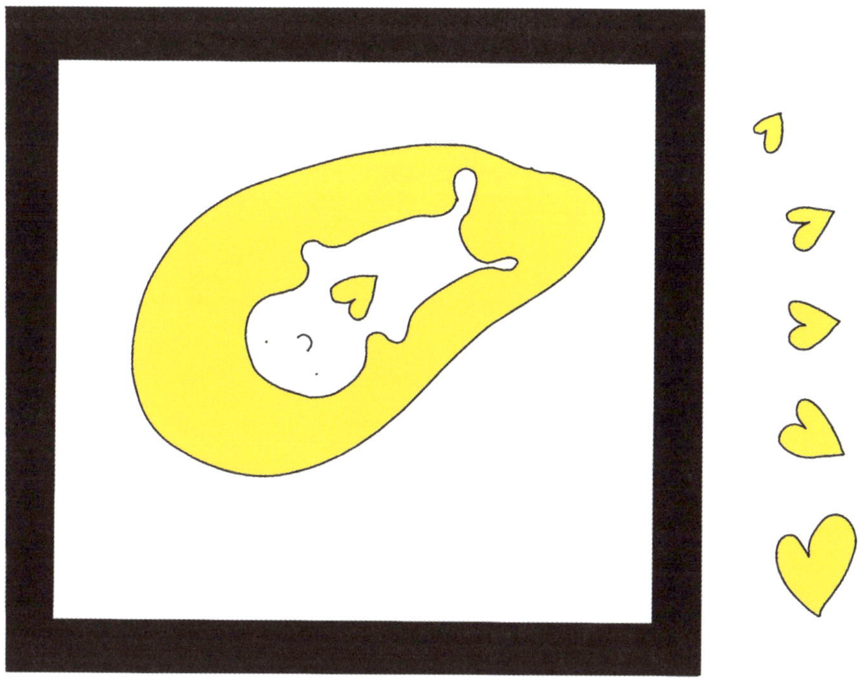

DIR GEHT'S GUT.

DU BIST NUR EINS...UFF!

Es ist ein komisches Gefühl zu wissen, dass in meinem Körper zwei Herzen schlagen.

IN DER BAR

Einen Mosquito mit Ginger-Ale anstelle von Tonic, bitte.
Was zum ...?!
Na ja, das ist der einzige Drink auf der Karte, den eine Schwangere trinken kann...

WOCHE 10 HAT ANGEFANGEN

Den ganzen Tag ist mir schlecht. Den ganzen Tag hab ich Schmerzen. Ein paar Mal ohne Grund geweint ...

Ein Glück hat jeman SEA BAND erfunde Sie helfen mit der Übelkeit. Zwar wurden sie für die Seekrankheit erfunden, abe was soll's ...

SALAMI-DESASTER

Ich habe mir ein Käsebrot bestellt. Die Frau in der Bäckerei gab mir ein Käse-Salami-Brot ...

Ich habe die Salami erst entdeckt, nachdem ich den ersten Bissen runter-geschluckt hatte. Ich soll doch keine Salami essen (ja, was denn sonst noch nicht?!). Bin ausgeflippt.

So so so schwanger ...

MAN SAGT, DIE SCHWANGERSCHAFT SEI KEINE KRANKHEIT …

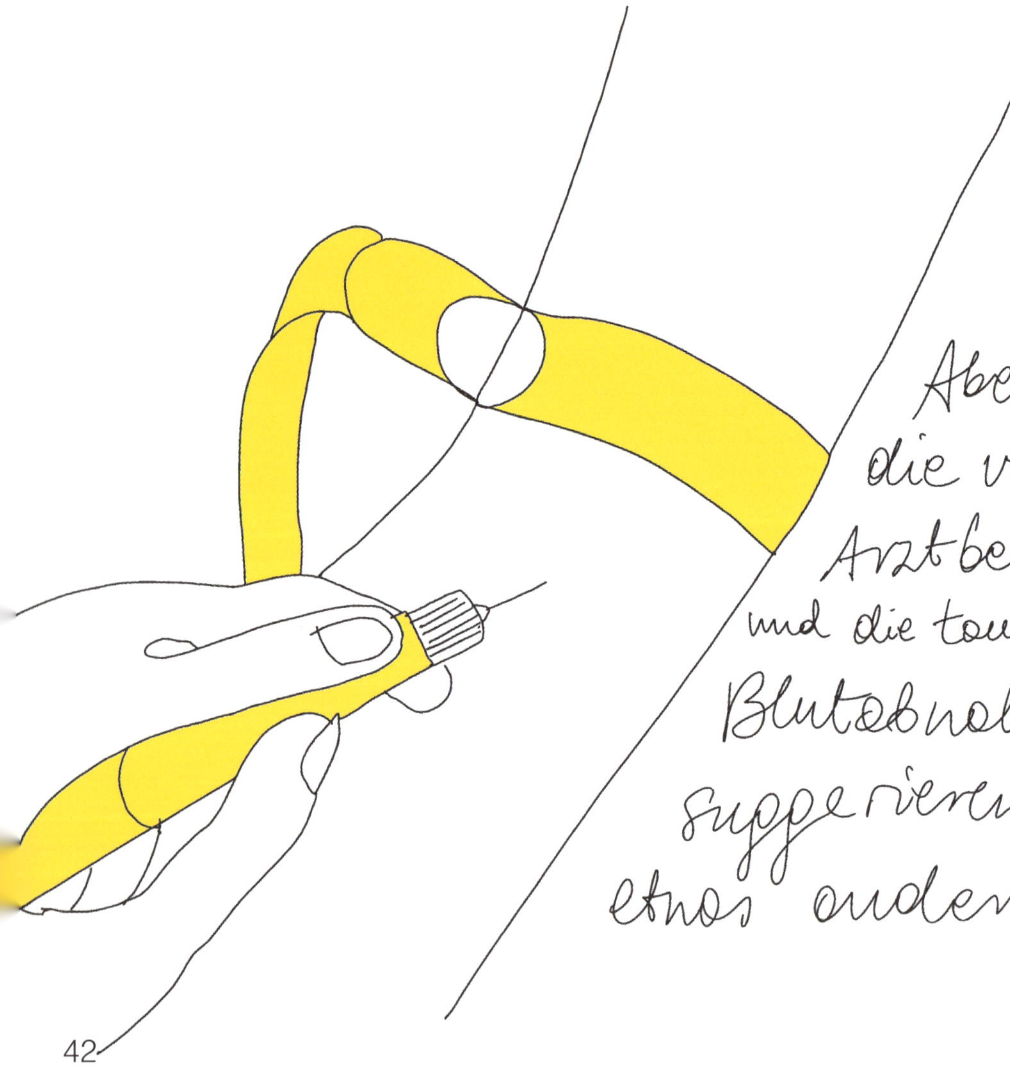

Aber die vielen Arztbesuche und die tausendste Blutabnahme suggerieren mir etwas anderes …

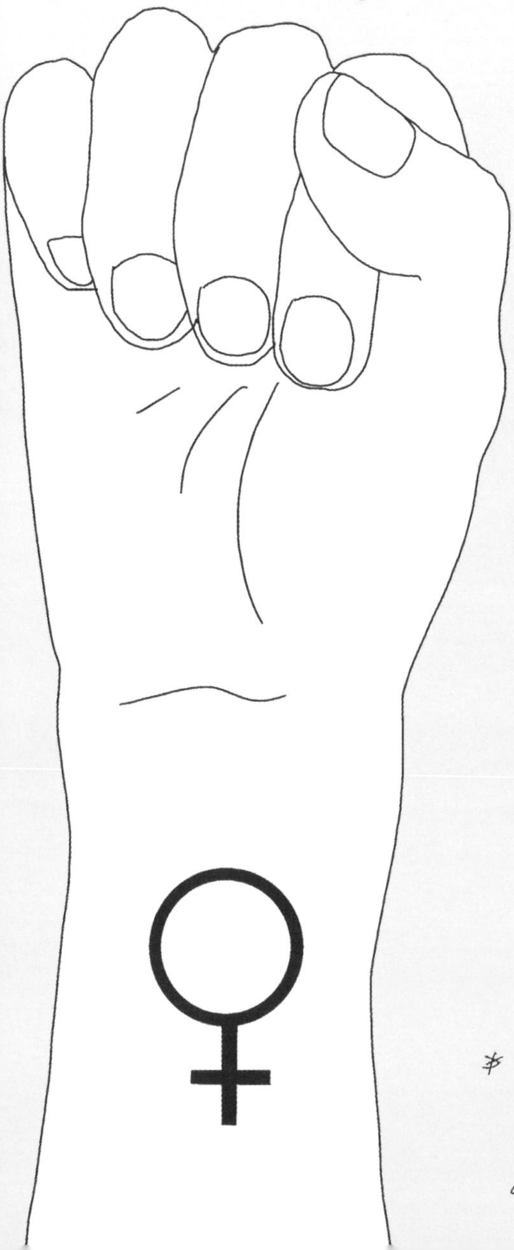

Egal ob du ein
Junge oder
ein Mädchen
bist* ich
erziehe dich
auf jeden Fall
feministisch!

* oder wie auch immer du dich selber bezeichnen möchtest.

GUTEN MORGEN

ENTSCHULDIGE BITTE...

Heute habe ich einen
Flug für unser "sicheres
Datum" gebucht.
Wenn diese 12 Wochen
vorbei sind, muss
das gefeiert werden.

KRANKENHAUS

Wir haben uns heute das Krankenhaus angeschaut, in dem du zur Welt kommen sollst. Mir war mulmig.

WIE DIE NEWS AUF ARBEIT RAUSKAM

FREAK TOWN

Ich färbe mein Haar mit Natur-Haarfarbe und fühle mich wie ein Alien →
Was ich nicht jetzt schon alles für dich tue...

DAS STINKT

TSCHÜSS

Bin zu einer Geburtstagsparty gegangen.

Bin nicht lange geblieben.

DIE ANGSTSPIRALE

MÜDE

Ich habe 12 Stunden am Stück geschlafen. Das war wohl alles ein wenig zu viel in letzter Zeit.

STÜTZSTRUMPFHOSEN

VEGETARISCHES SUSHI

ist auch Sushi ...

... irgendwie ...

HÖHERE MATHEMATIK

Hallo? Wer hilft mir? Ich weiß … nicht. Aber ich bin doch ziemlich schlau. Ist das echt so kompliziert und umständlich?

Basiselterngeld?

Elterngeld Plus?

Selbstständige? Partnerschaftsbonus?

$[(X - Y) / 2] \times 0{,}1\% + 67\%$

× 0,65 Prozent?

Ich hatte den ersten Kaffee
seit 2 Monaten.
Einen Cortado.

Jetzt bin ich ein bisschen
überdreht.

4 MONAT

WOCHE 13–16

Woche 13! Du bist sicher!

IM URLAUB

DER ULTIMATIVE TEST

BAUCHWAHRSAGERIN

Jetzt trauen wir uns endlich
etwas für dich zu kaufen.
Es ist natürlich übertrieben teuer,
immerhin ist es das erste Kleidungsstück,
das du tragen wirst.

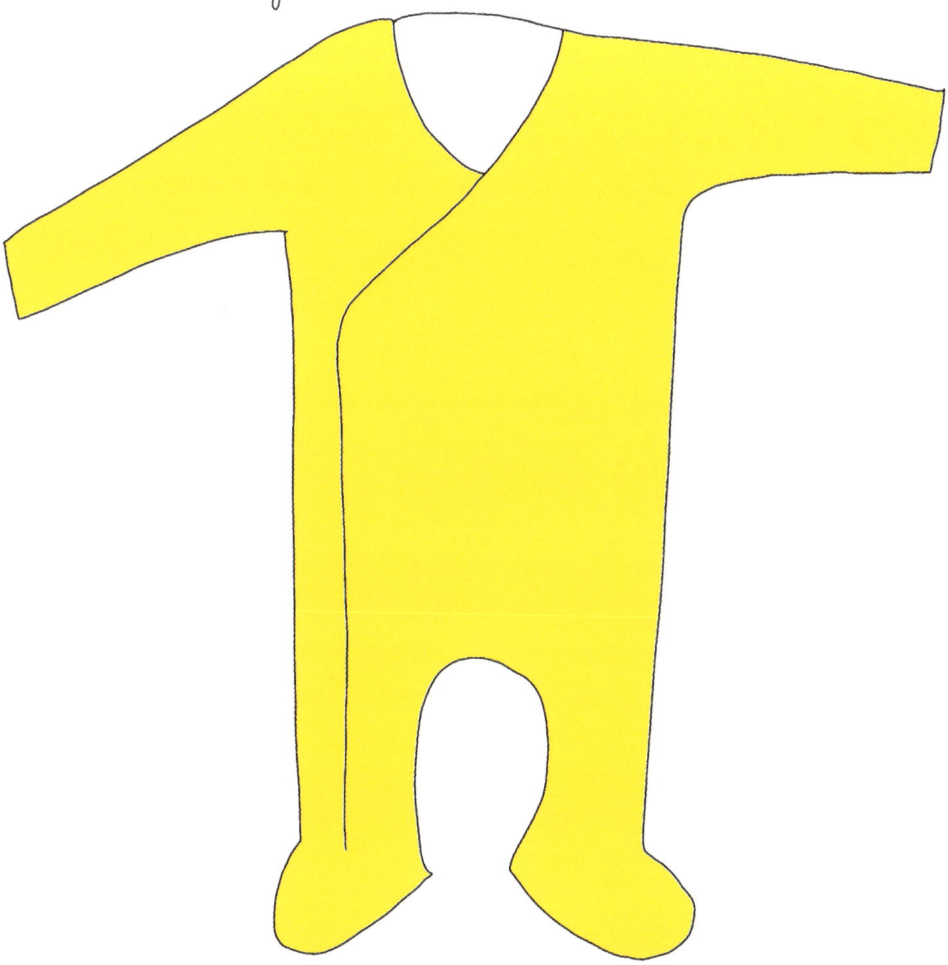

Wir verwöhnen dich jetzt schon.

Dein Papa hat das erste Geschenk für dich gekauft. Es ist ein Yellow-Submarine-Plattenspieler.

Werden alle Geschenke, die wir kaufen, mehr für uns als wirklich für dich sein?

WOCHENENDE

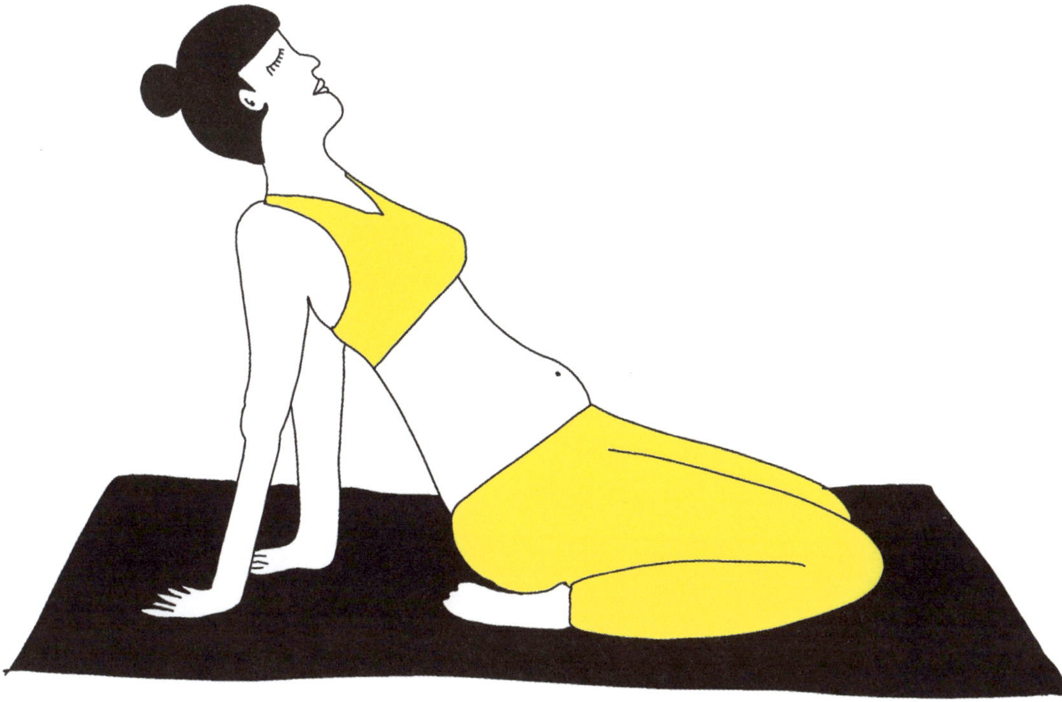

Zeit aufzutanken.
Wann tanke ich auf, wenn du
erstmal da bist?

Schwanger krank zu sein
ist noch viel härter,
ich darf ja noch nicht
mal Medikamente nehmen.

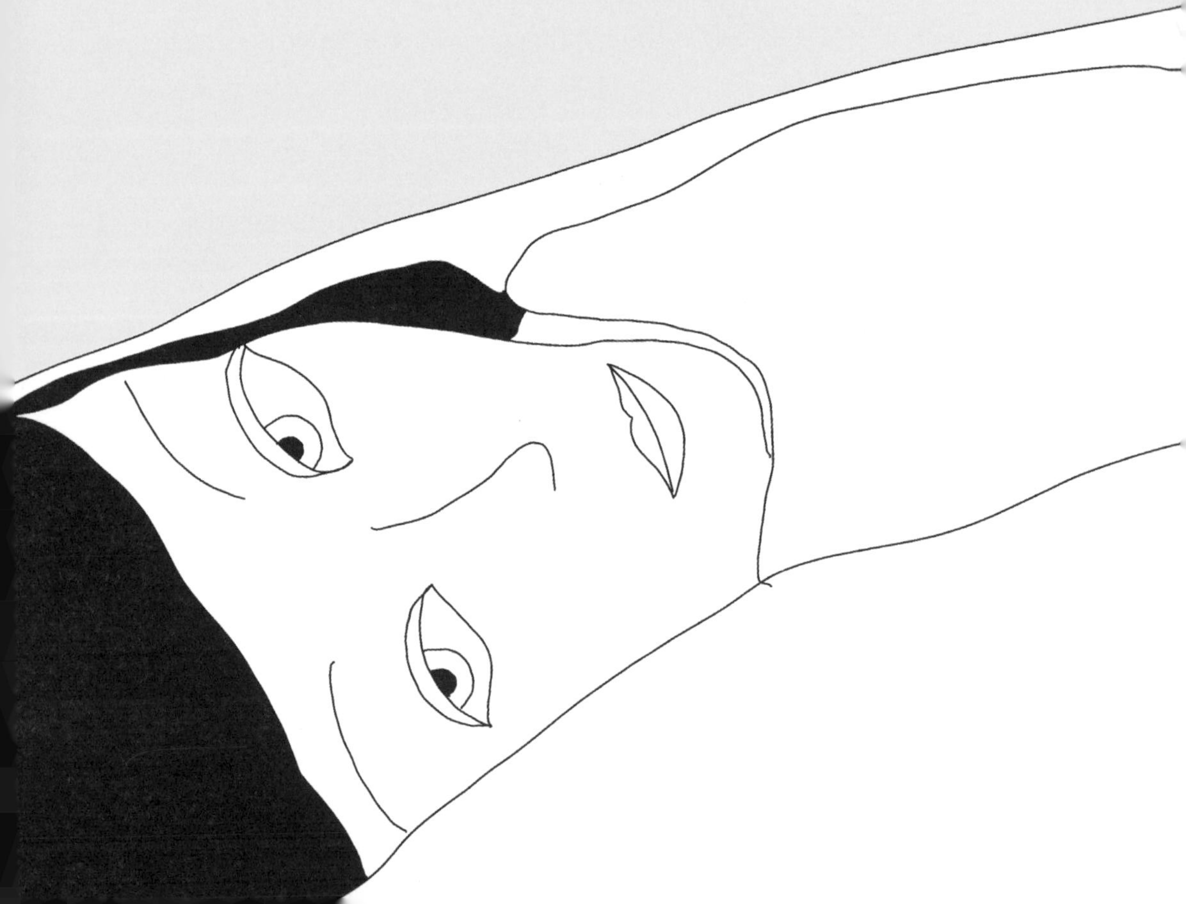

ERSTTRIMESTER SCREENING

Wir haben so lange auf diesen Tag gewartet. Ich hatte eine Riesenangst.

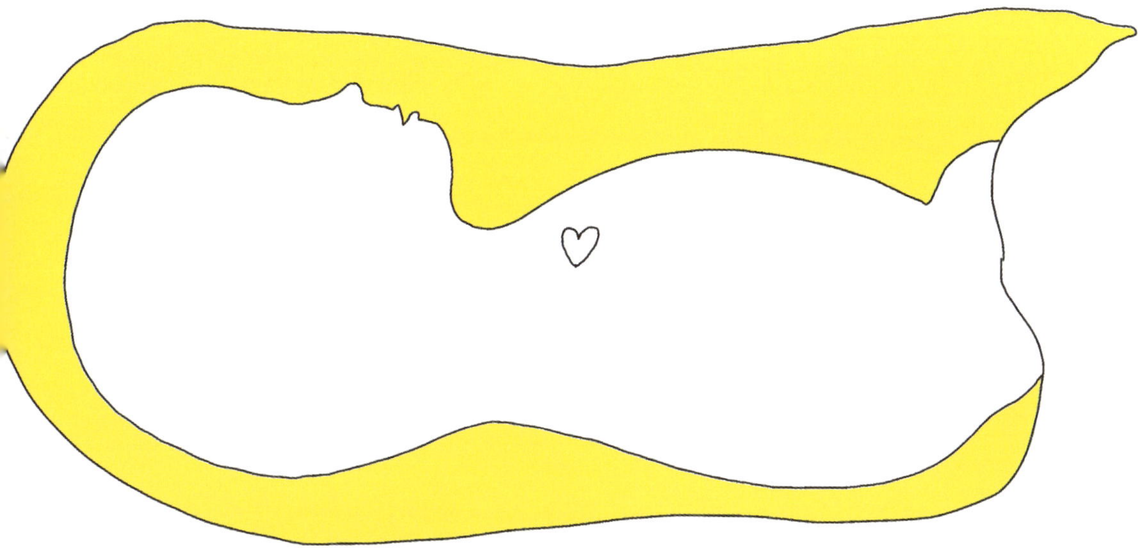

Du bist kerngesund, haben sie gesagt. Und du bist ein Junge.

WIR ERZÄHLEN ES ALLEN FREUNDEN, BEVOR SIE ES AUS DEN SOZIALEN MEDIEN ERFAHREN

Heute habe ich der Welt erzählt, dass es dich gibt ...

... also meiner Insta-Community ...

WIE MEETINGS MIT MIR GERADE AUSSEHEN

BABYS ERSTES KONZERT

Nie einkaufen … hungrig.

BULLSHIT SCHWANGERSCHAFTS-BINGO

DEIN BAUCH IST JA RIESIG	DAS WIRD SICHER EIN JUNGE	DAS SOLLTEST DU NICHT TRINKEN
KÜMMERST DU DICH AUCH GUT UM DICH?	DAS SOLLTEST DU NICHT ESSEN	SICHER KEINE ZWILLINGE?
DAS WIRD SICHER EIN MÄDCHEN	KANN ICH MAL ANFASSEN?	DEIN BAUCH IST JA WINZIG

GEMÜTLICH

Meine ersten(!) Sneaker und meine ersten Schwangerschaftshosen

(damit hätte ich ruhig früher anfangen können)

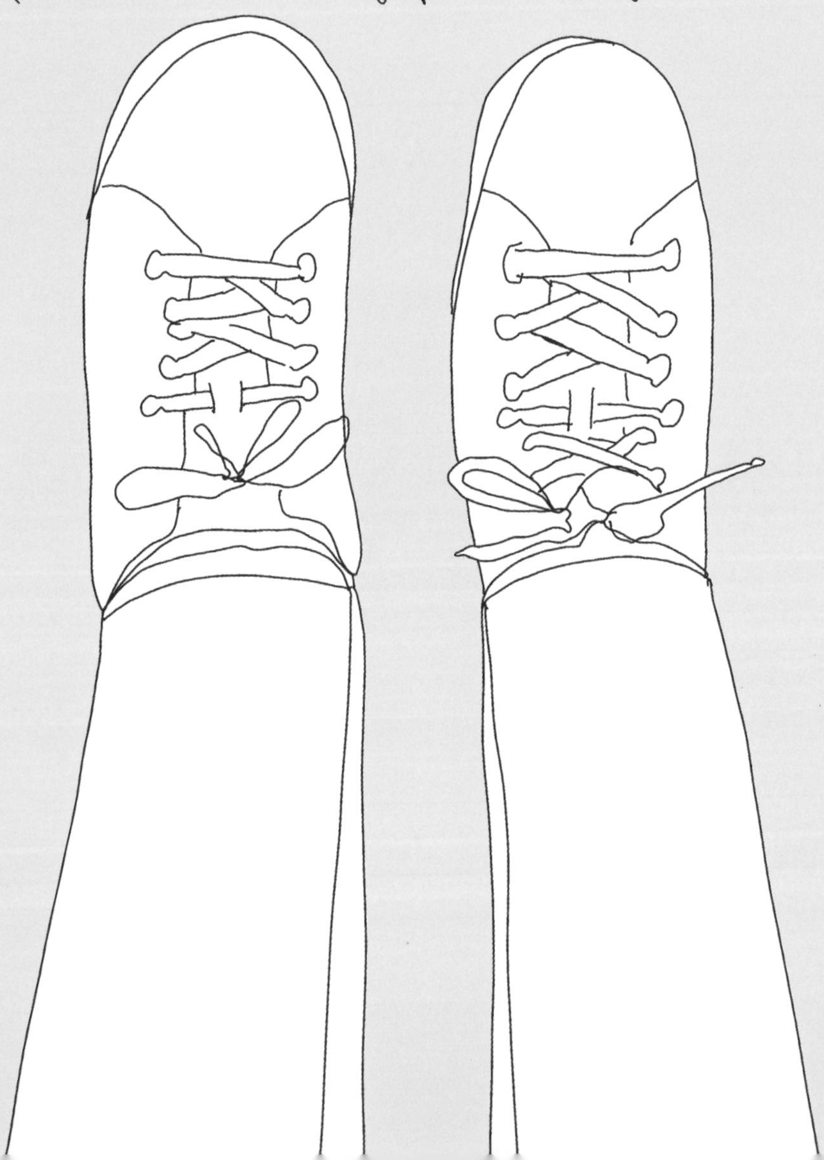

SAMSTAGABEND

IRGENDETWAS TUT IMMER WEH

ESSEN. MEIN NEUER BESTER FREUND

ES SIND NICHT MEINE HORMONE

LEG DICH NIEMALS MIT EINER SCHWANGEREN AN

5 MONAT

WOCHE 17–20

FÜNFTER MONAT

Zeit, den Bauch mit Stolz zu tragen.

FAMILIENTREFFEN

HALLO STILLKISSEN
ICH FÜHLE MICH WIE AUF EINER WOLKE

DINGE, DIE MAN PLÖTZLICH BRAUCHT, UM FLIEGEN ZU DÜRFEN

ARZTTERMIN

Sie fliegen also nach New York? Erzählen Sie mal ...
ok ... und was ist mit meinem Baby?

DAS MAGISCHE LIBIDO IM 2. TRIMESTER

TAGSÜBER MIT FREUNDEN ANSTOẞEN? KEIN PROBLEM!

WEIHNACHTEN

Mein einziger Wunsch ist, dass du gesund bist.

GARDEROBE FÜR DIE SCHWANGERSCHAFT VORBEREITEN

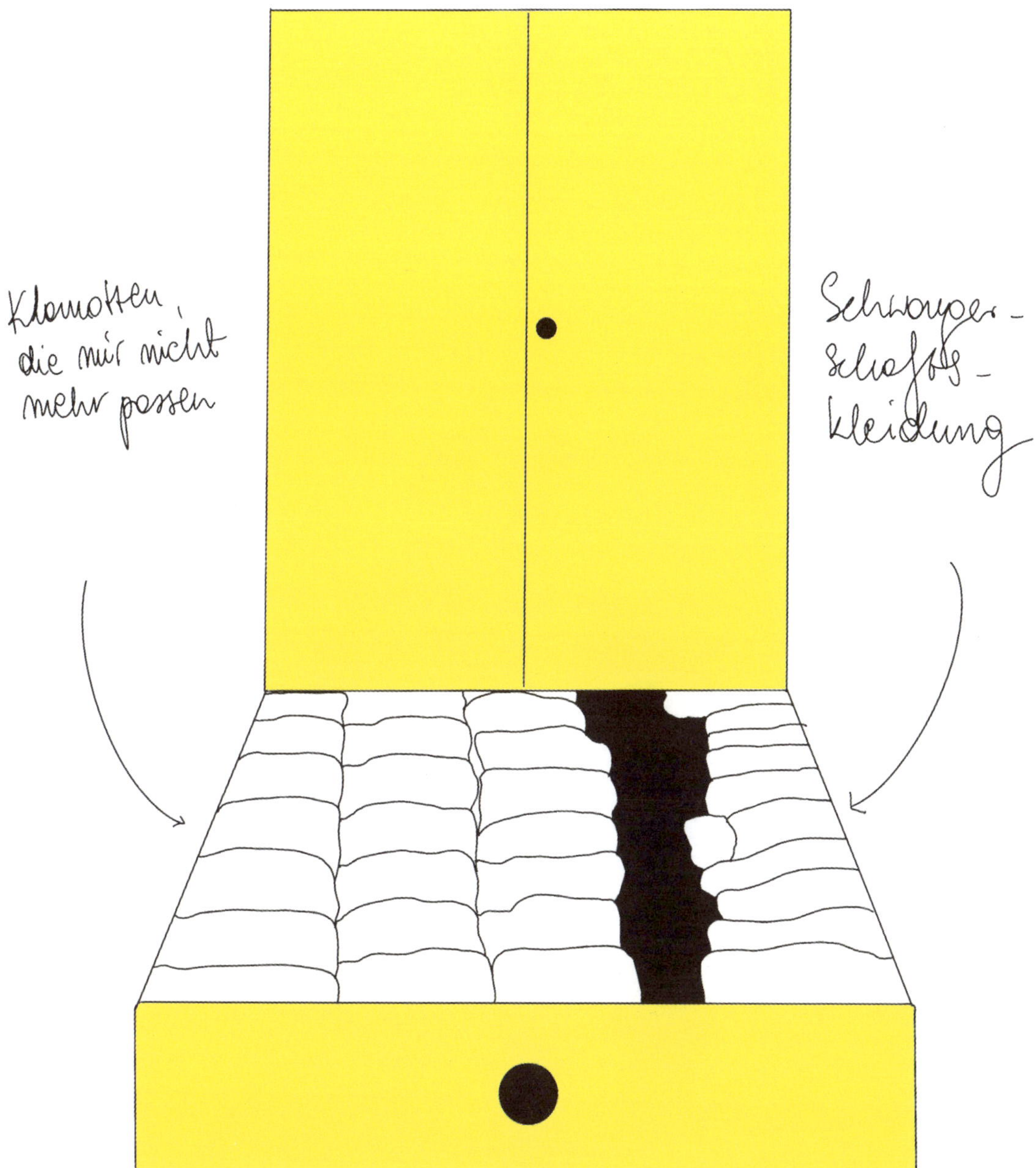

NESTBAUTRIEB. DIE ERSTE

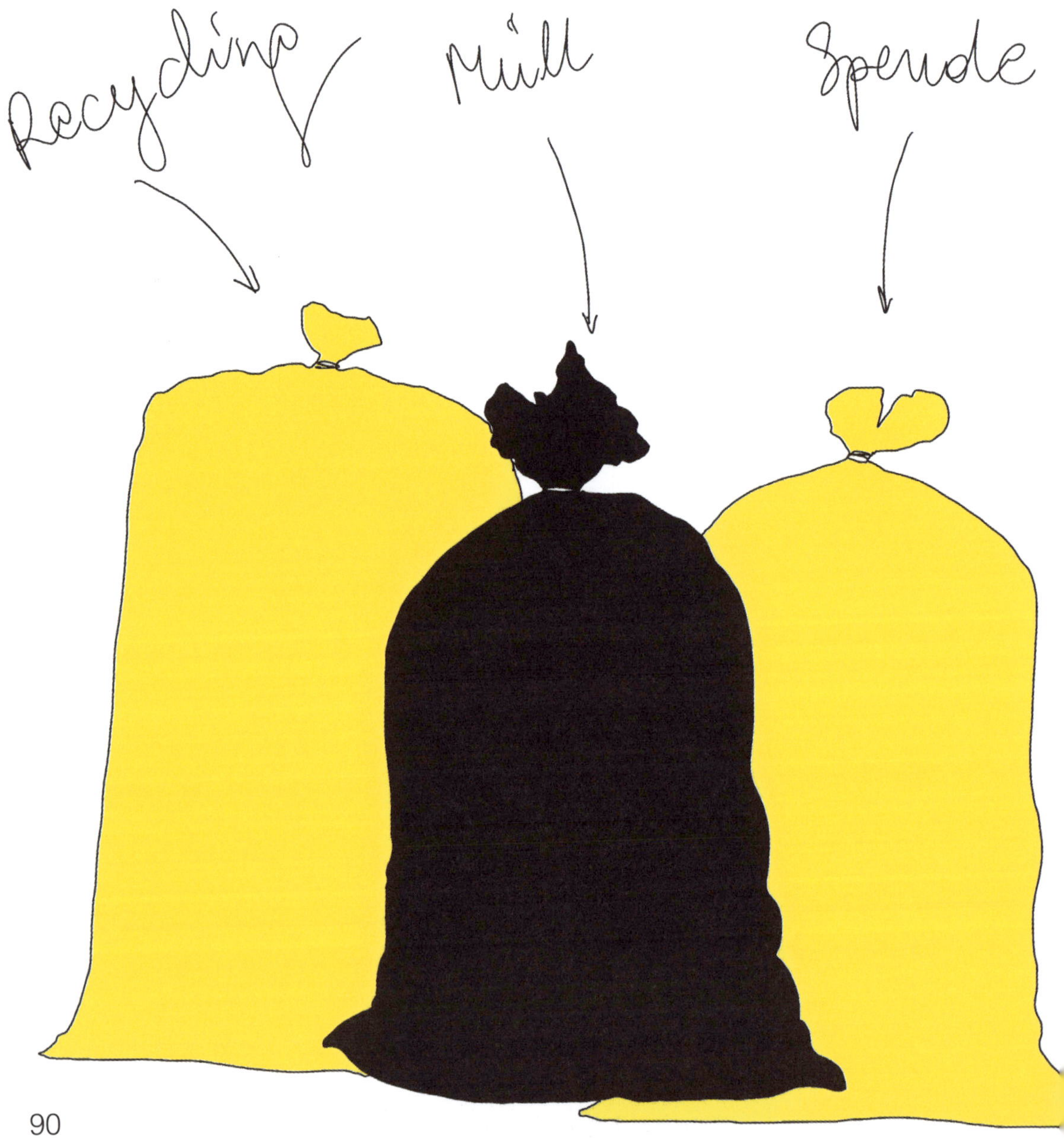

HABE DEN ERSTEN TRITT GESPÜRT

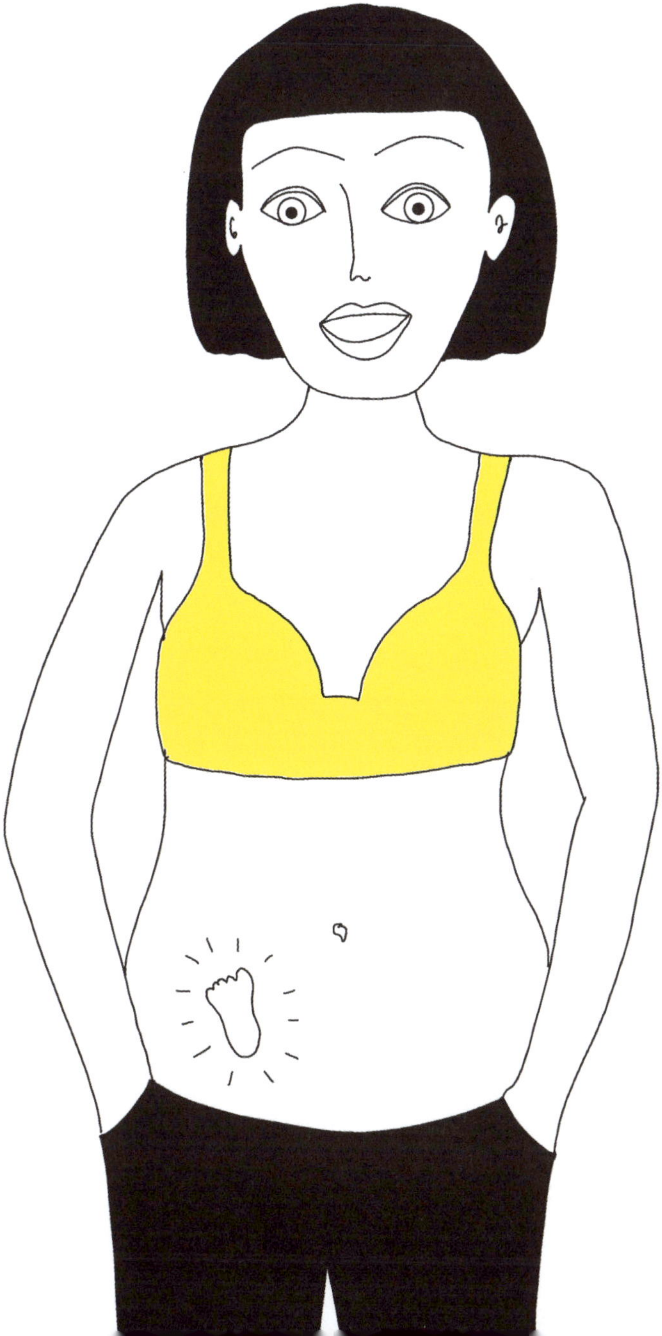

NESTBAUTRIEB, DIE ZWEITE. DIE NACHBARN FRAGEN, OB WIR AUSZIEHEN.

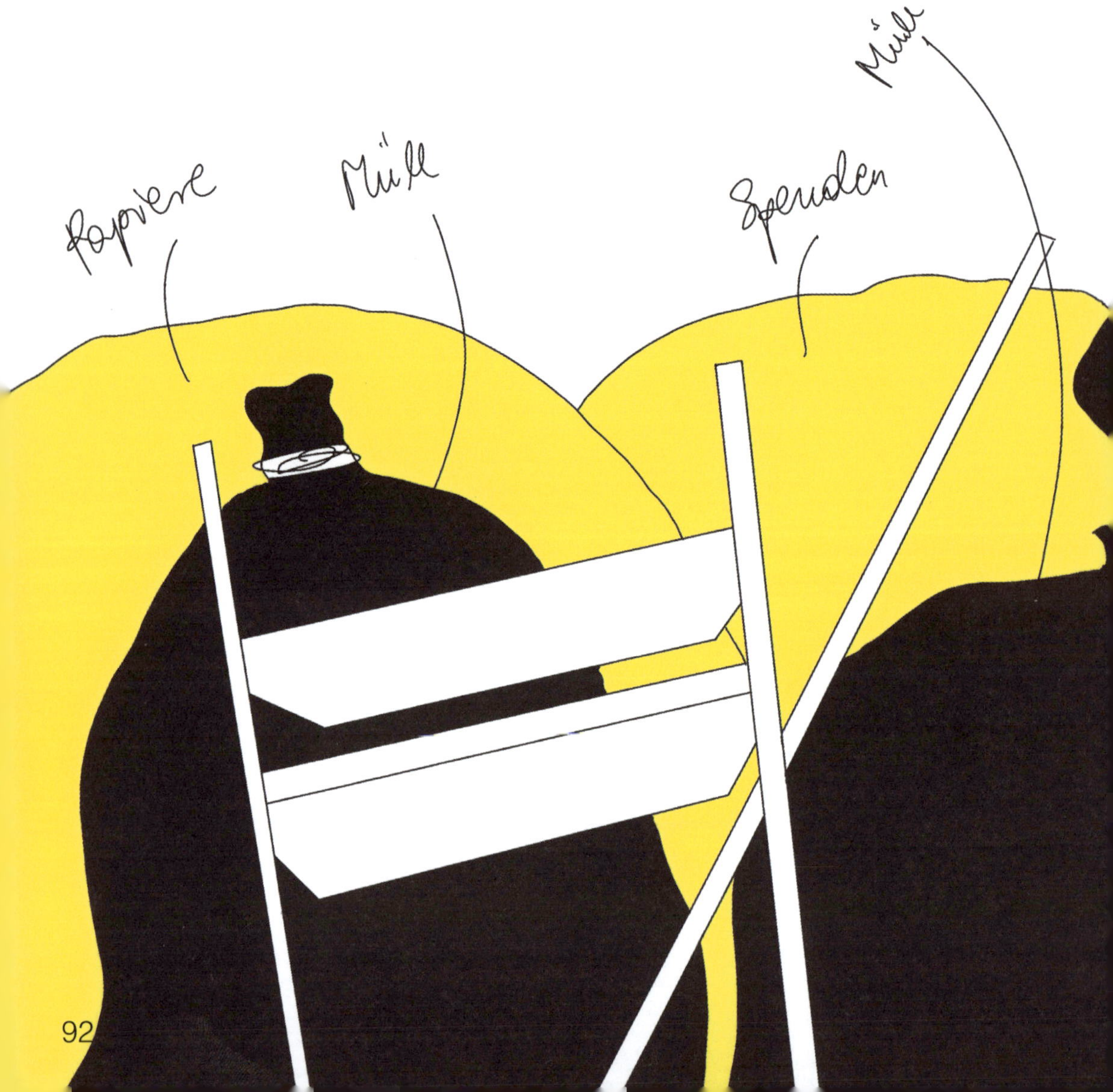

SILVESTER MIT FREUNDEN

Meine Drinks waren die
aufwändigsten. Alkoholfrei
dafür mit viel Schnickschnack!
Und ohne Kater ins neue Jahr.

Fauler Jahresanfang. Bringt halt auch wenig, wenn man die einzige ohne Kater ist.

NEUJAHRSVORSÄTZE

Frische Säfte aus Obst und Gemüse – nicht nur für meine Gesundheit*

* für meine habe ich es nie gemacht

SCHUSSEL

Jeden Tag wische ich etwas auf, was ich umgekippt habe

Wann bin ich so tollpatschig geworden?

Woche 20!

Halbzeit!

NA JA

Die Vorteile davon, dass ich schwanger bin?
Ich bin Sonntags nicht verkatert ...
... und kann daher die Wohnung putzen.

BEIM FRISÖR

Dein Haar ist unglaublich dick geworden.
Ich weiß, das sind die Hormone
Freu dich drüber, in der Stillzeit fallen sie alle wieder aus.

VOR DEM FLUG

Diese Stützstrumpfhosen anzuziehen ist der reinste Horror.

IM FLUGZEUG

6 MONAT

WOCHE 21–24

SPAZIERGÄNGE IN NYC

DANKBARKEITSMEDITATION

INTENSIV

Die letzten Tage waren etwas zu viel für meinen Körper. Kann es kaum erwarten, zu Hause zu sein.

ZURÜCK ZU HAUSE

Auch wenn NYC großartig war, bin ich sehr glücklich, wieder zu Hause zu sein.

Seitdem ich schwanger bin, ist zu Hause irgendwie anders.

OPTIMISTISCH (AUF ARBEIT)

PESSIMISTISCH

Ok. Nein, ich habe mich geirrt.

Ich glaube, ich sterbe.

VORTRAGSREIHE

IST DAS IHR ERNST?

NEUE BRILLE

Wusstest du, dass die Augen schlechter werden können während der Schwangerschaft? Und der Zahnarzt meinte zu mir „Ein Kind - ein Zahn"...

SCHLUCKAUF

Das Baby hat Schluckauf in meinem Bauch.

Das ist das lustigste Gefühl überhaupt!

WÖCHENTLICHES BAUCHFOTO

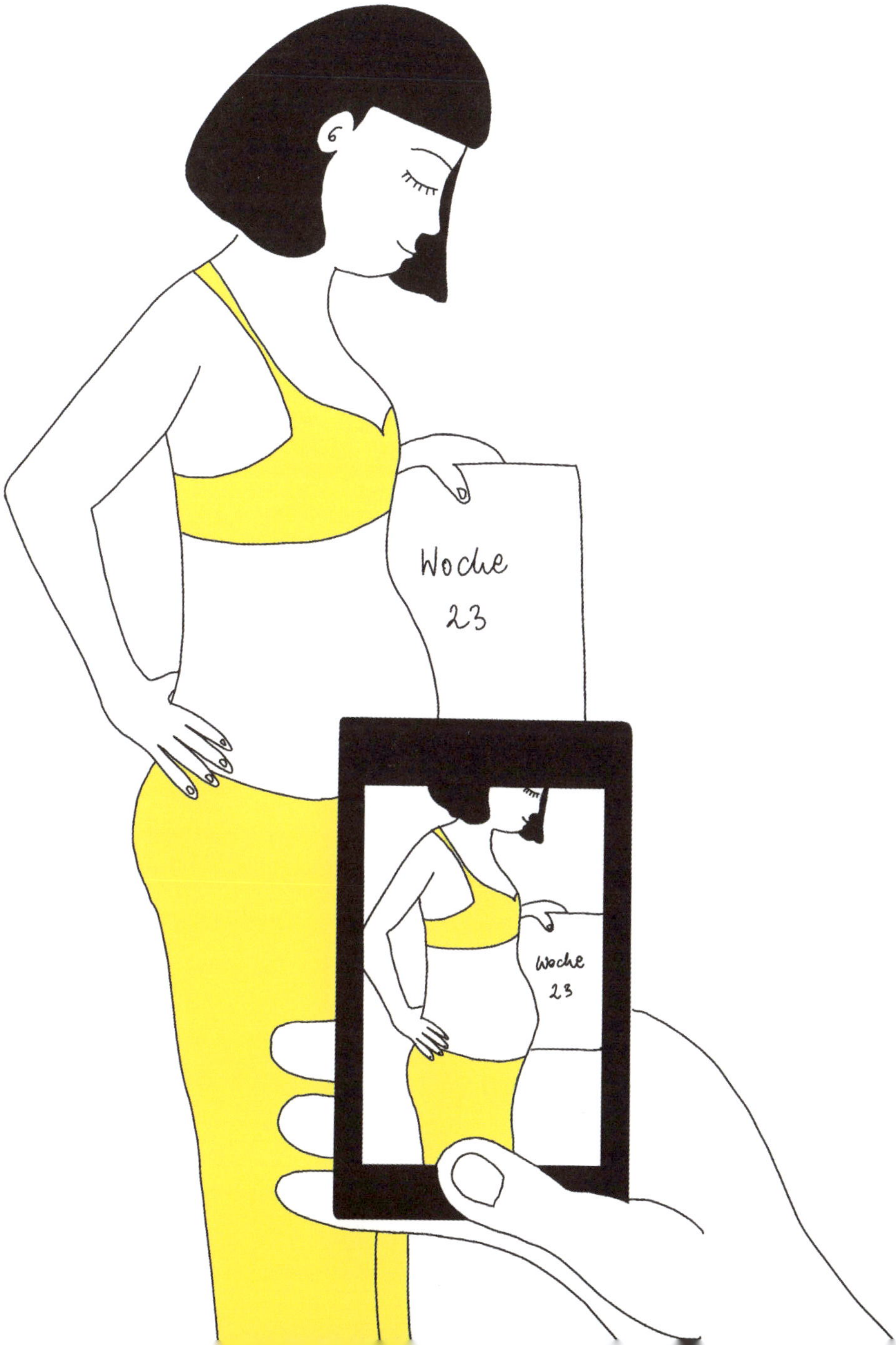

ULTRASCHALL FEINDIAGNOSTIK

Ein gesunder Junge,
UFFF…

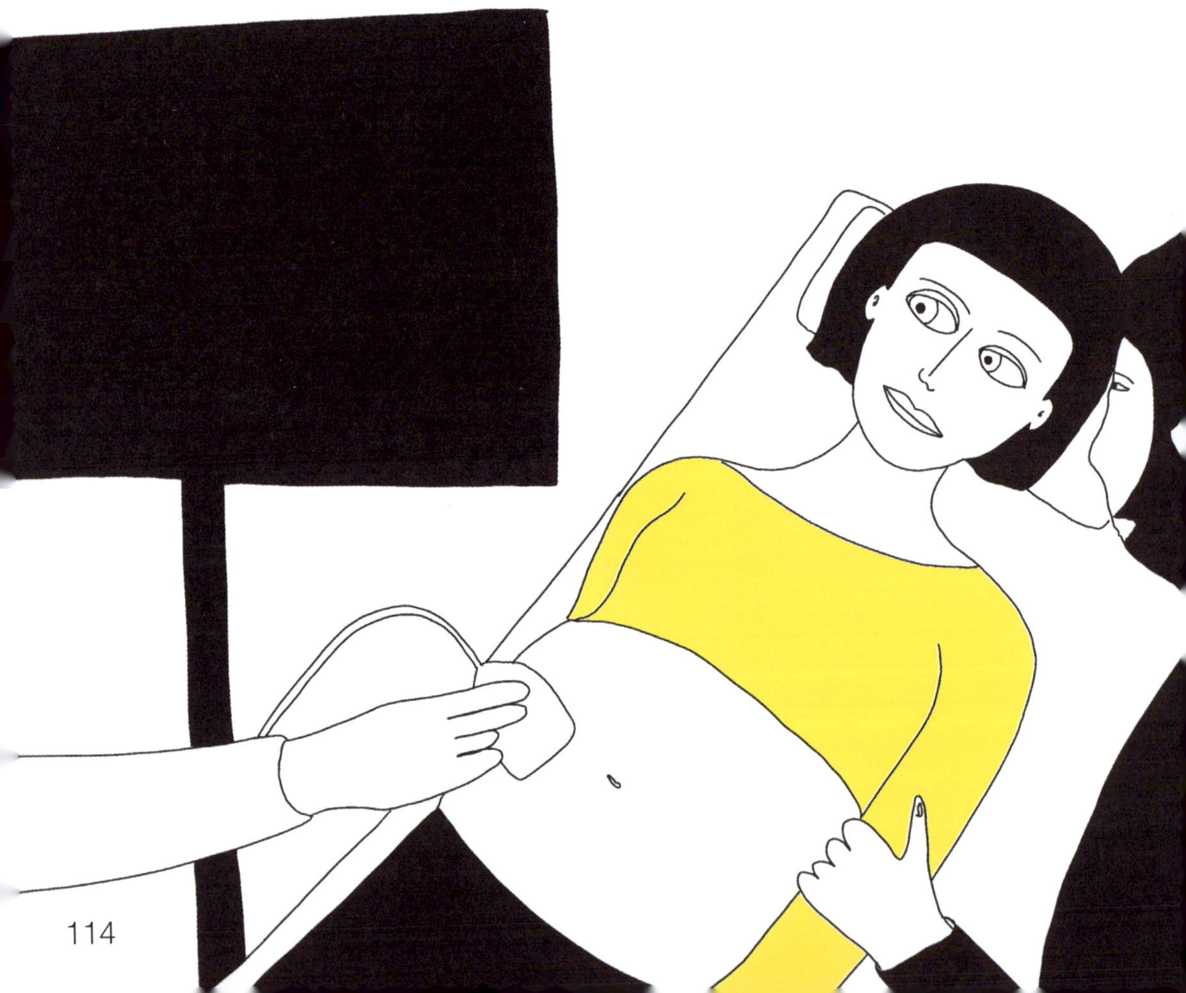

ÄRGER

Ich fühle mich klein und dumm
und naiv und traurig
und besorgt und schlecht
Und ich hoffe,
du fühlst nicht,
was ich fühle. .

DINGE, DIE ICH ANFANGE ZU SCHÄTZEN (WEIL ICH SIE NOCH TUN KANN)

Treppen hochlaufen (oder hochspringen) – ohne Kinderwagen

Zeit für ein Bad …

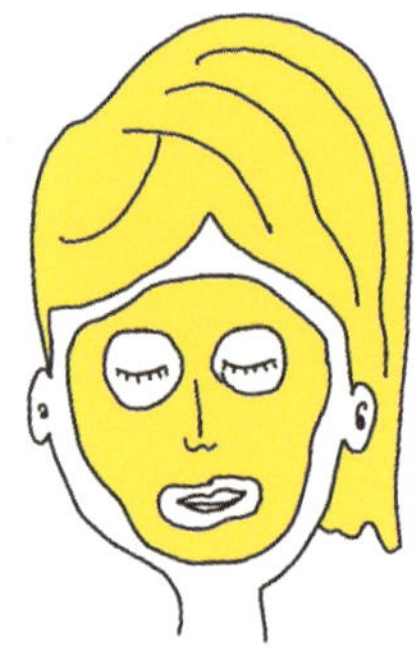

… und eine Gesichtsmaske

Ausschlafen

an Wochenenden

Durch enge Lücken passen (ohne Kinderwagen)

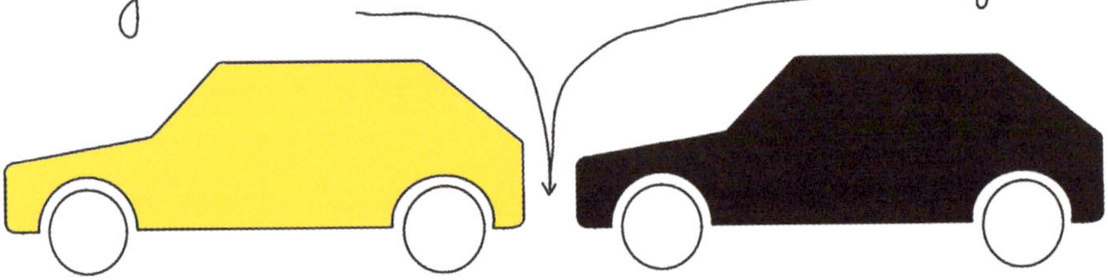

BABY-KOMPASS

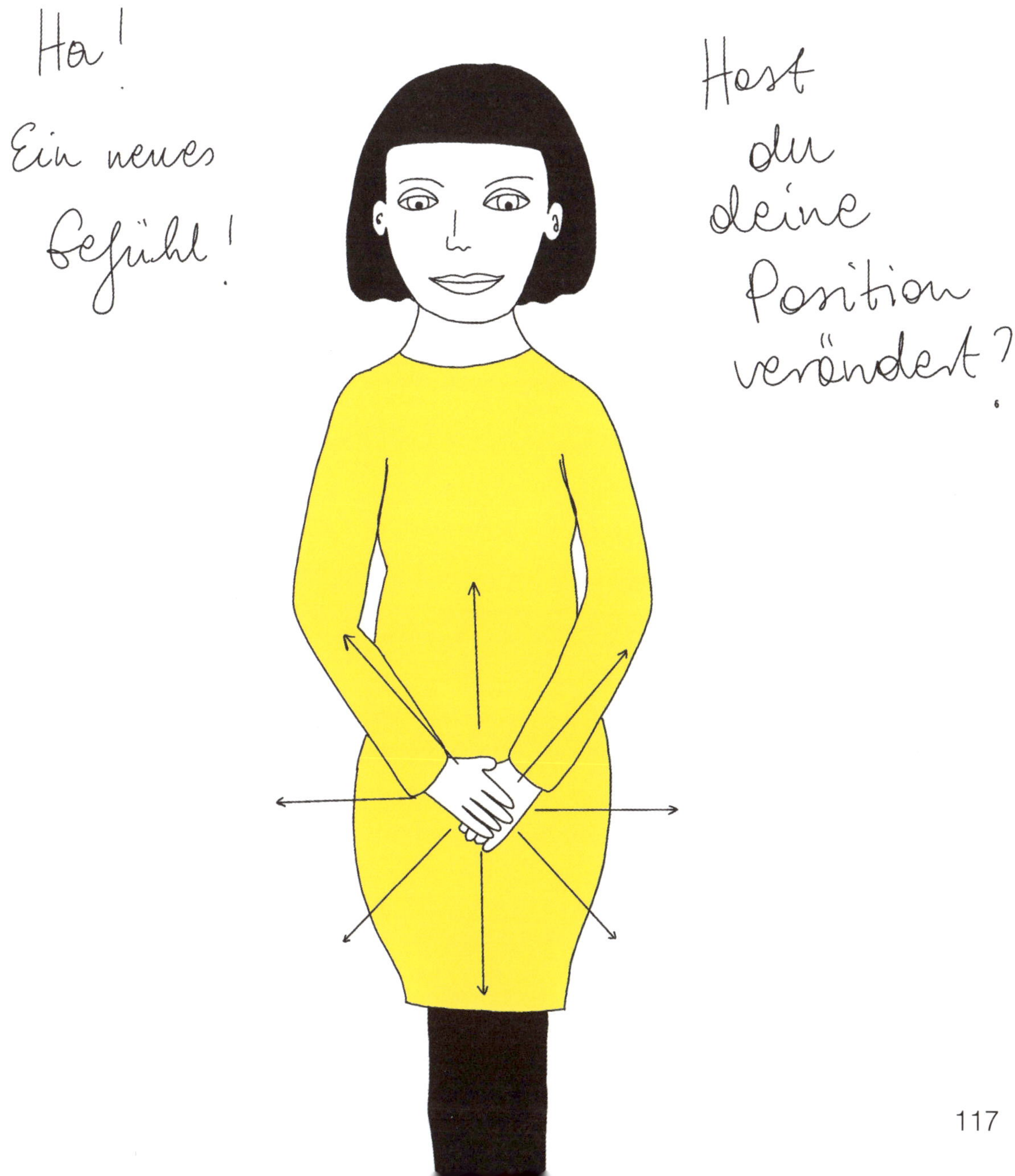

TYPISCHER SCHWANGERSCHAFTS-BAUCHGREIFER

NIEMALS ALLEIN

WIR MÜSSEN MAL REDEN

Hör mal, Baby…
Du wirst
immer meine
absolute
Nummer-
eins-
Priorität
sein!

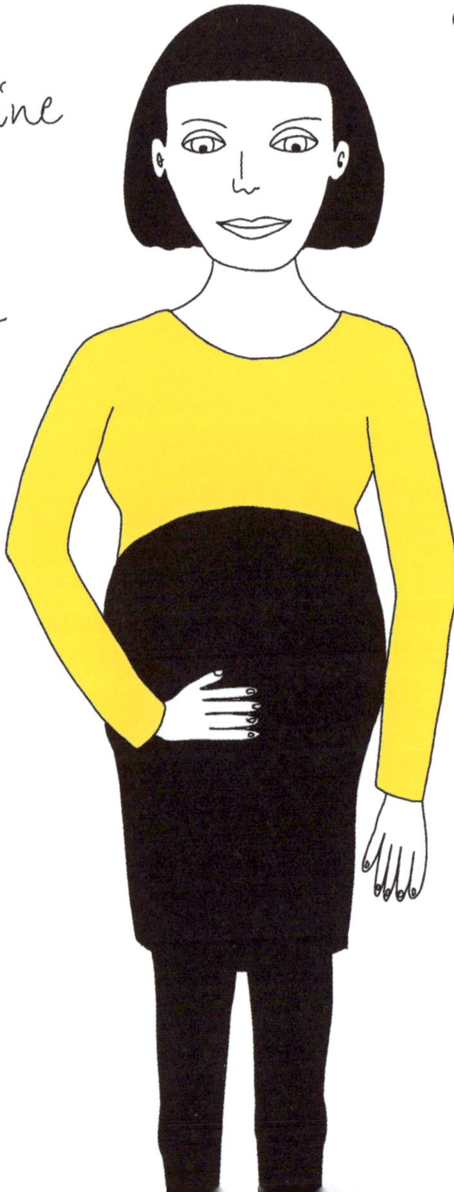

Aber…
abgesehen
davon, deine
Mama zu sein,
bin ich auch
noch Illustratorin
und mache
Bücher und ich
werde mich auch
um meine Busines
Babies kümmern
OK? ♡

AM LERNEN

Verschlinge alles zu pränatalem Yoga, Stillen, Hypnobirthing und die ersten Monate mit Baby.

7 MONAT

WOCHE 25–28

KINDERWAGEN GEKAUFT

Magst du deine erste Karre?

DINGE, DIE WIR NICHT KAUFEN MÜSSEN (WEIL WIR SIE VERERBT BEKOMMEN)

Fragt Freunde, die Kinder haben, bevor ihr kauft.

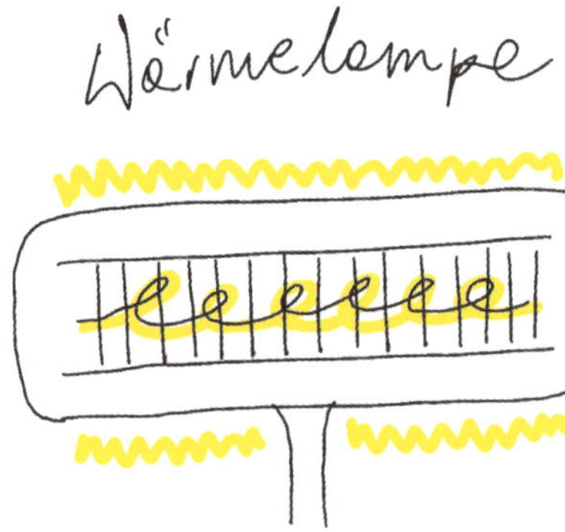

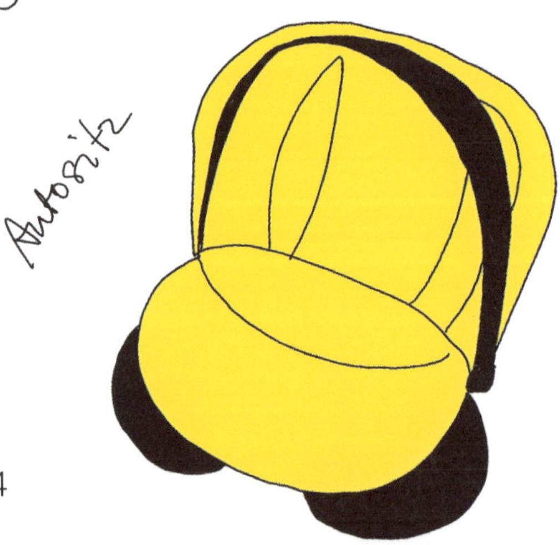

ERSTES TREFFEN MIT DER BELEGHEBAMME

MEINE BLASE WIRD VON MEINEM BABY ALS TRAMPOLIN BENUTZT

und lustig ist das nur fürs Baby, für mich nicht.

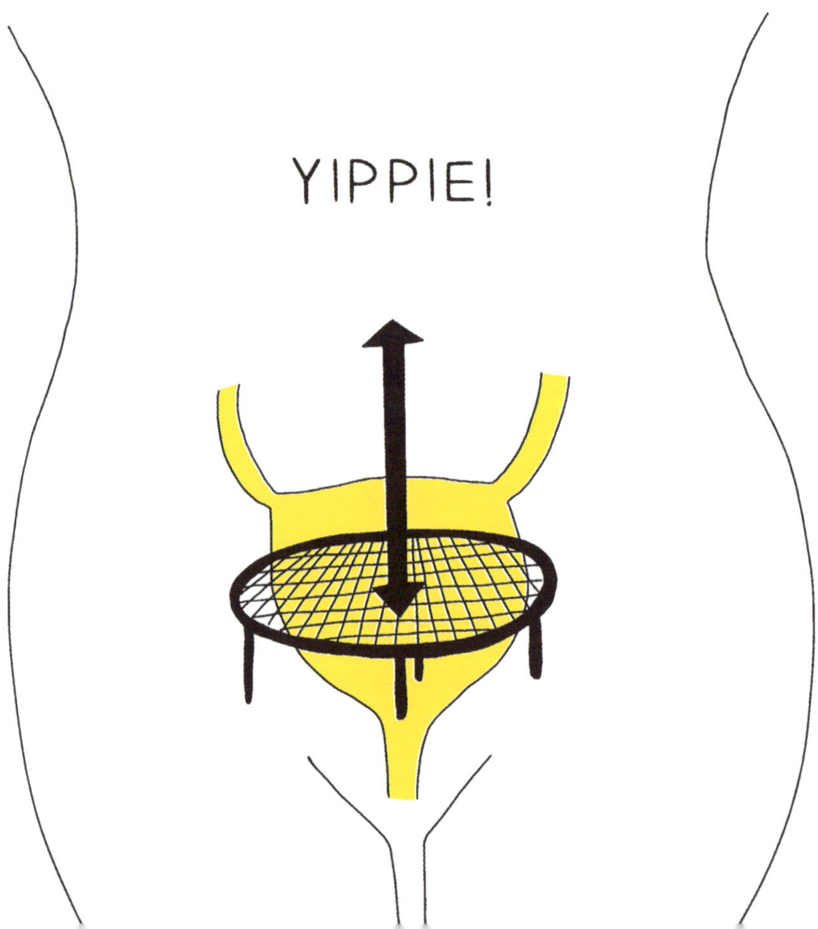

DINGE, DIE ICH NUN TÄGLICH HÖRE

ICH FÜHLE MICH WIE EIN FASS

AN MANCHEN TAGEN WÜRDE ICH IMMER NOCH ALLES FÜR EINE ZIGARETTE GEBEN

DIE DINGE WERDEN ETWAS SCHWERER

JEDEN TAG

... frage ich mich: Wessen Köper ist das? Und im Moment, in dem mir klar wird, dass es meiner ist, überkommt mich eine unfassbare Dankbarkeit für das Wunder, welches in mir entsteht. Mutter Natur. Mutter Karolina.

Mutterschaft – was für ein Wunder!

DER BAUCHNABELPLOPP
I want to break free ...

(IMMER ÖFTER WERDENDE) ARZTBESUCHE

Glukosetest

Gewicht

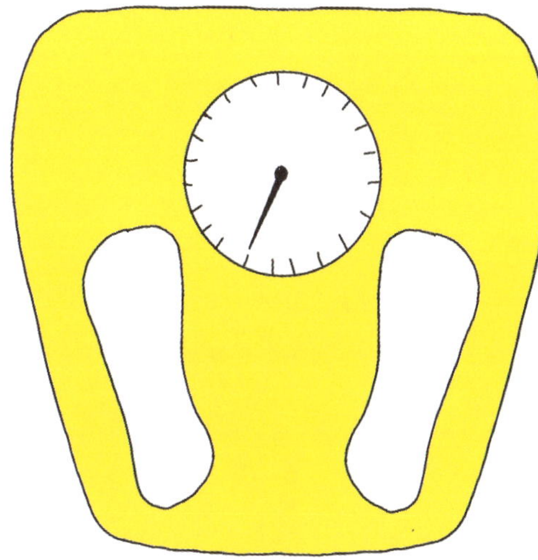

Mein Blutdruck

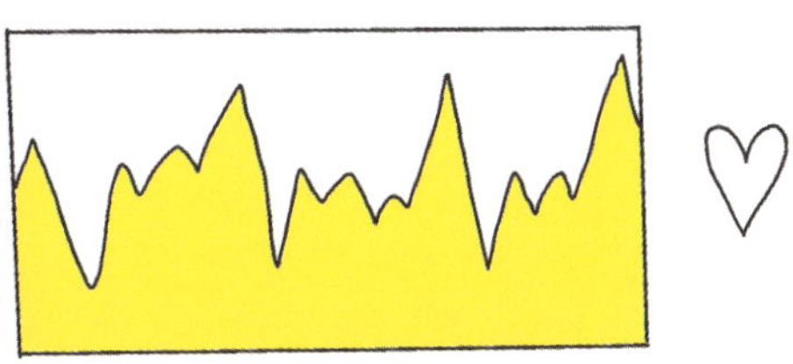

Babys Herzschlag

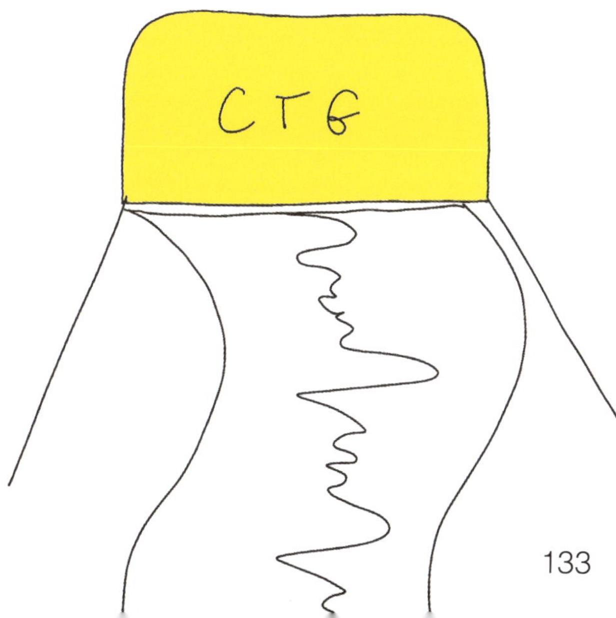

ÜBUNGSWEHEN (BRAXTON HICKS)

... oder zumindest hoffe ich, dass es Übungswehen sind.

KITASUCHE FÜR DAS BABY.
JA. JETZT SCHON.

ERSTE BABYWÄSCHE

So süß!

(noch bevor sie jemals eingeschissen wurde)

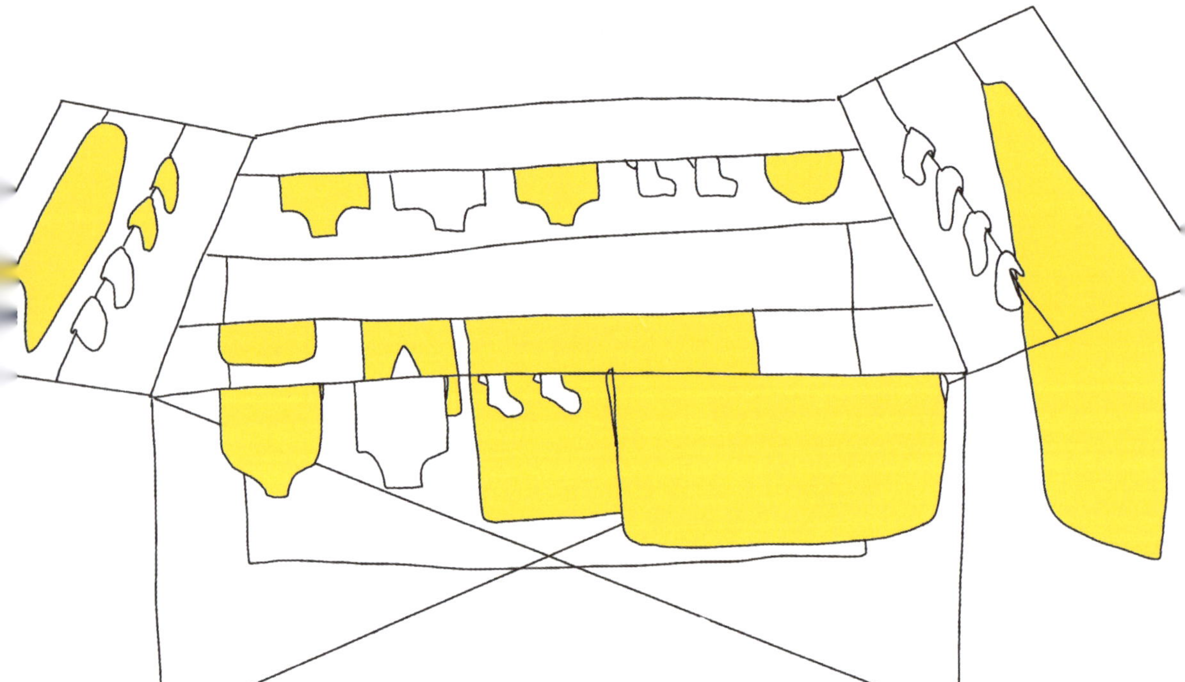

ICH WERDE LANGSAMER

VERRÜCKTE TRÄUME

MONTAGMORGEN

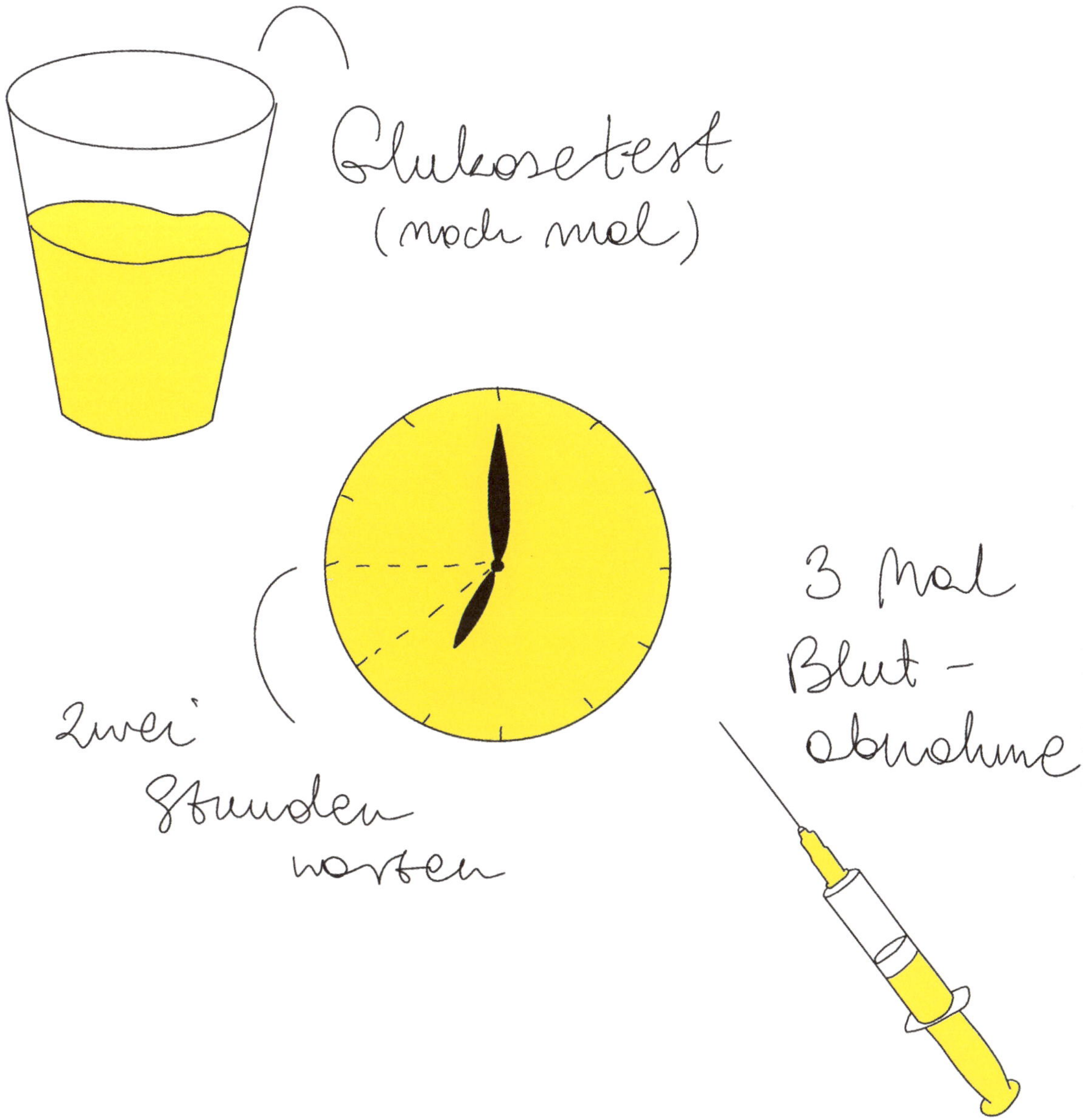

... UND ICH HABE NOCH NICHTS GEGESSEN

SPA TAG (WOHLVERDIENT)

SCHWANGERSCHAFTSDIABETES

UKULELE-KONZERT FÜR DAS BABY

UNERWARTETER BESUCH IM KRANKENHAUS

Zum Glück ist alles in Ordnung und so hatten wir schon mal eine "Testfahrt"

DAS ZIMMER IST GESTRICHEN
UND DAS GITTERBETT STEHT

BLUTZUCKER TESTEN

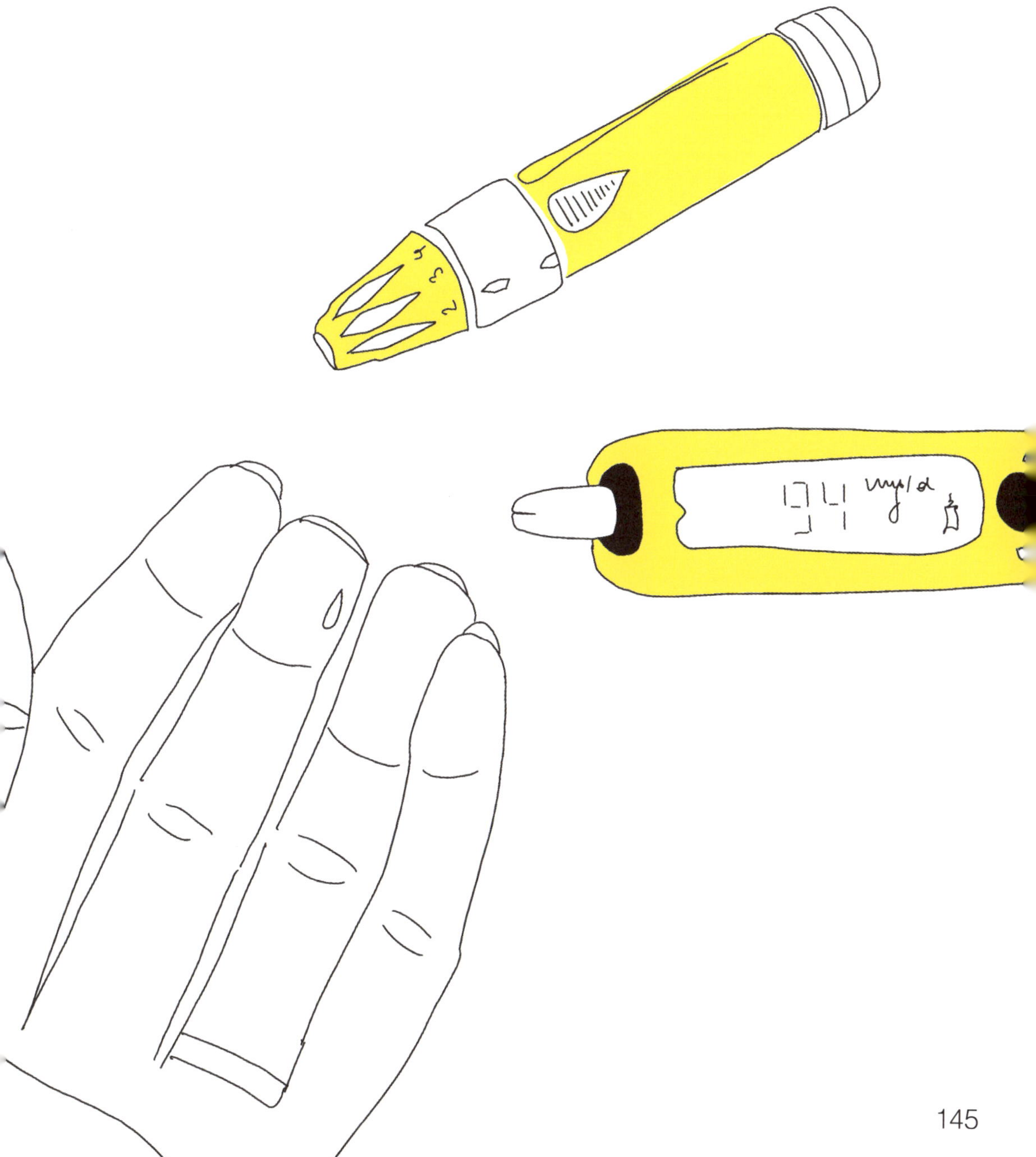

8 MONAT

WOCHE 29–32

DEM BAUCH VORLESEN

INTERNATIONALER FRAUENKAMPFTAG

DAS (GELIEHENE) BEISTELLBETT ABHOLEN

(Jeglicher Grund, unsere lieben Freunde zu besuchen, ist mir recht. Sie sind coole Eltern. Vielleicht bringen sie uns das auch bei.)

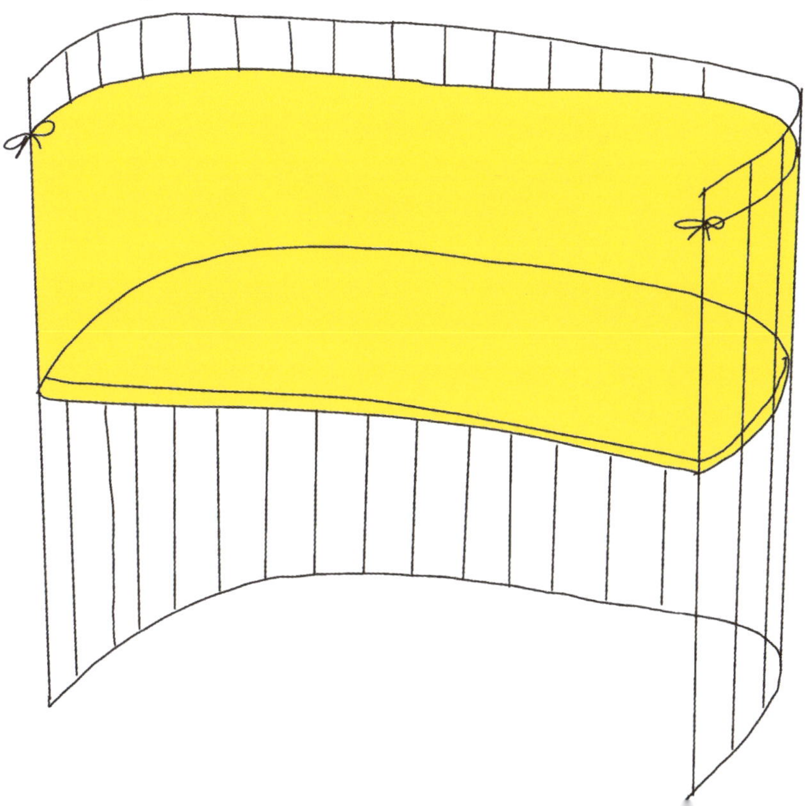

MEIN NEUER STUHL

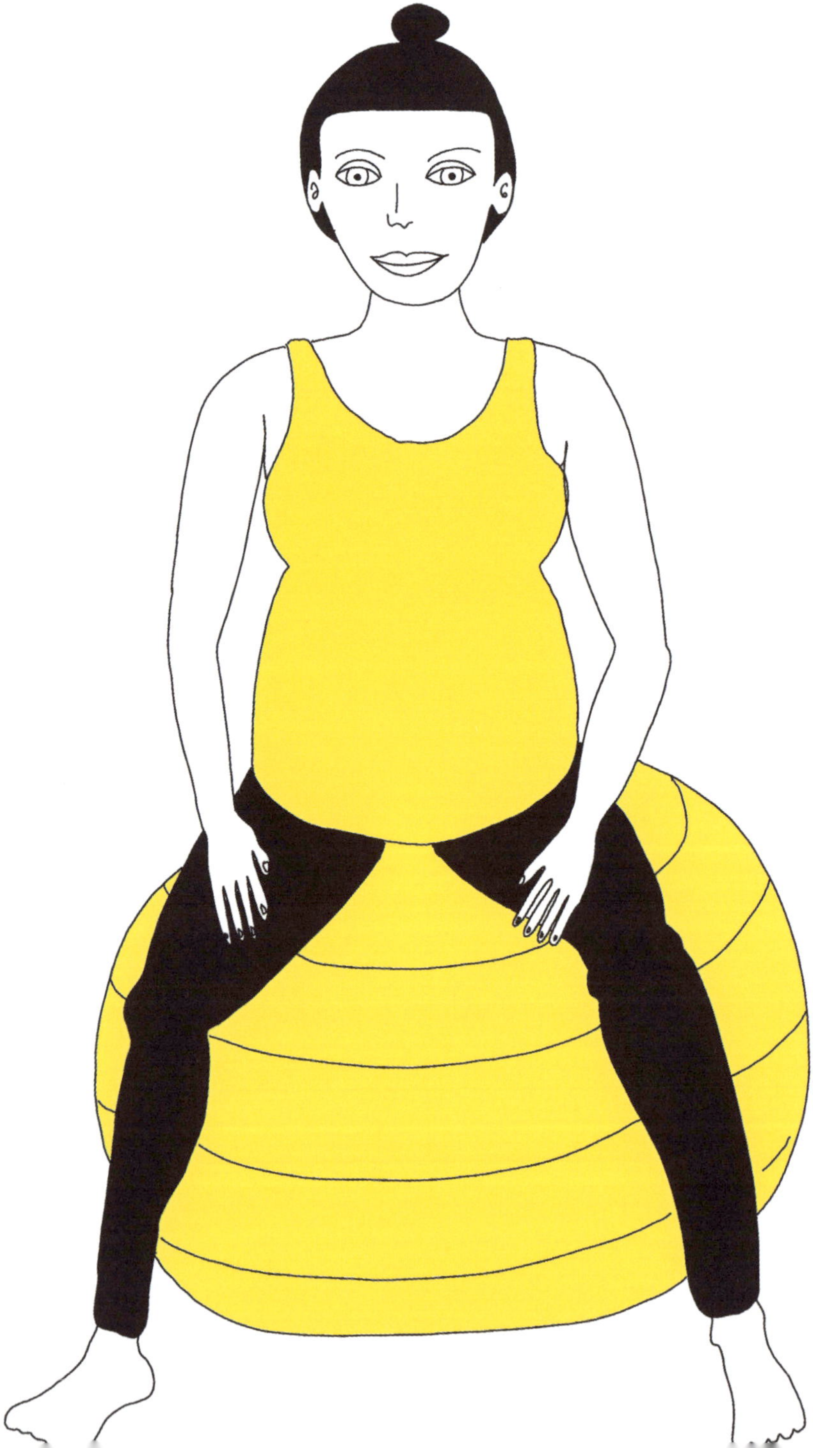

KANNST DU VIELLEICHT SCHLAFEN GEHEN?

ABSCHIED VON DER ARBEIT

FAULER SONNTAG

VERABSCHIEDUNG

PERSPEKTIVE

HEBAMMEN BESUCH

PARTY IN MEINEM BAUCH

TAGLICHER KAMPF

VEGANE DONUTS

Einer für mich,
einer für das
Baby...

Was denn?
Die sind vegan,
die sind doch gesund,
oder?

SELBSTFÜRSORGE (ODER SCHWANGERSCHAFTSSTREIFEN-PRÄVENTION

IST ES DAS LETZTE MAL...

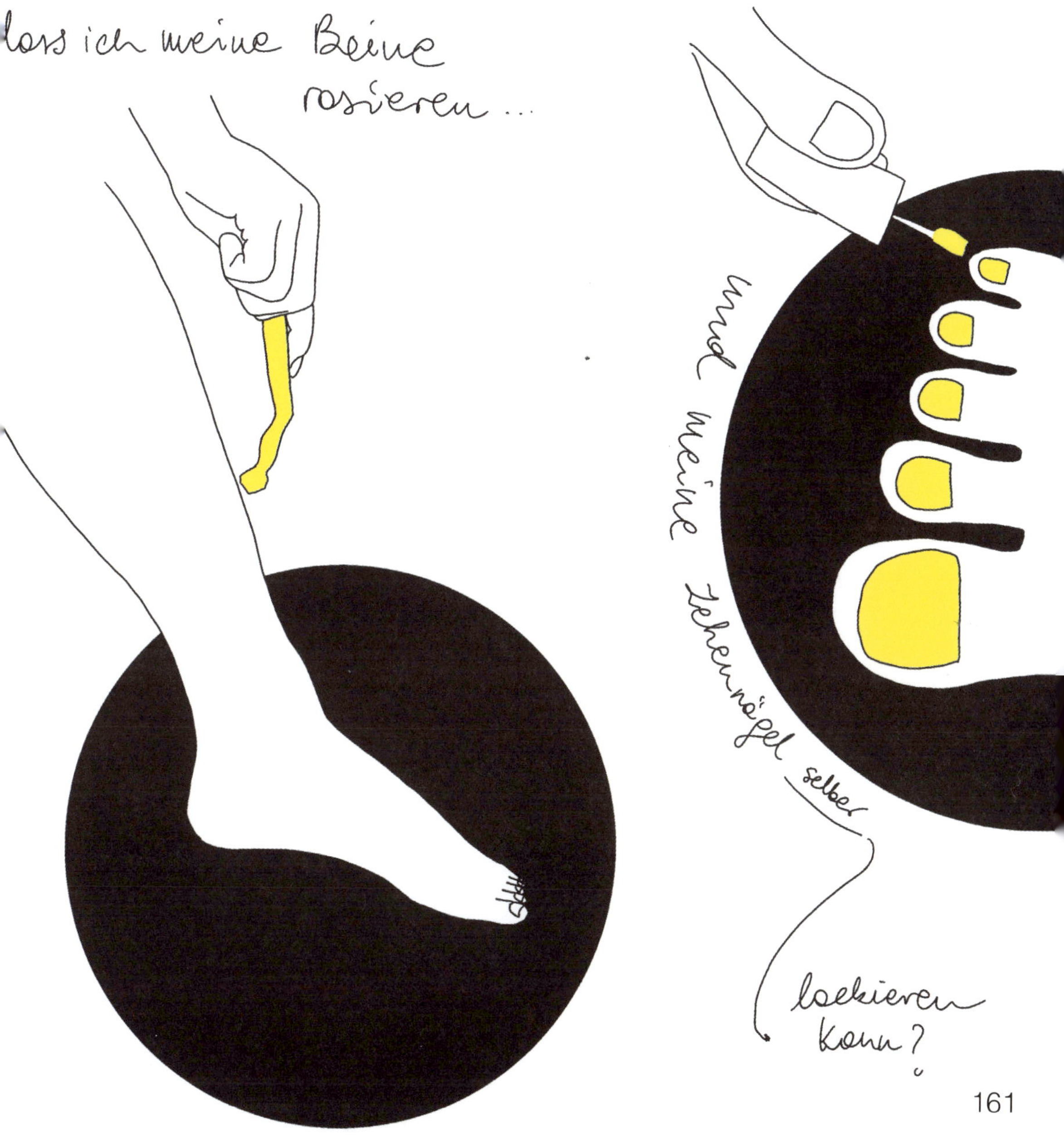

KRANKENHAUSTASCHE PACKEN

KEINE GNADE

Wie weißt du mit größter Wahrscheinlichkeit, dass du in Deutschland bist? Wenn du eine Frau im achten Monat schwanger bist …

… in einem Zug, in dem alle Sitze besetzt sind und niemand steht auf, um dir seinen Sitz anzubieten. Du wirst drei Stunden auf dem Boden sitzen, weil, na ja, sie haben alle reserviert!

9 MONAT

WOCHE 33–36

WOCHE 33

Das ist jetzt mein Körper

TRAUMMANN

Ich mache sauber und du leg dich zurück ins Bett!
Mein Gott – werde ich es vermissen, schwanger zu sein.

BAUCH BUDDIES

was ?!
wow !?
STILLEN

SCHWANGERSCHAFTSMEDITATION

GEBURTSVORBEREITUNGSKURS

Er wollte erst nicht hierher.
Jetzt muss er mich massieren.

Karma.

TIEFE BAUCHATMUNG

RICHTIGE POSITION

Hör auf, dir Sorgen zu machen. Ich liege in der richtigen Position.

ZUCKERFREIES OSTERN

Nein, danke!

(Blöde Schwangerschaftsdiabetes!)

HOHER BAUCH – KEINE LUFT

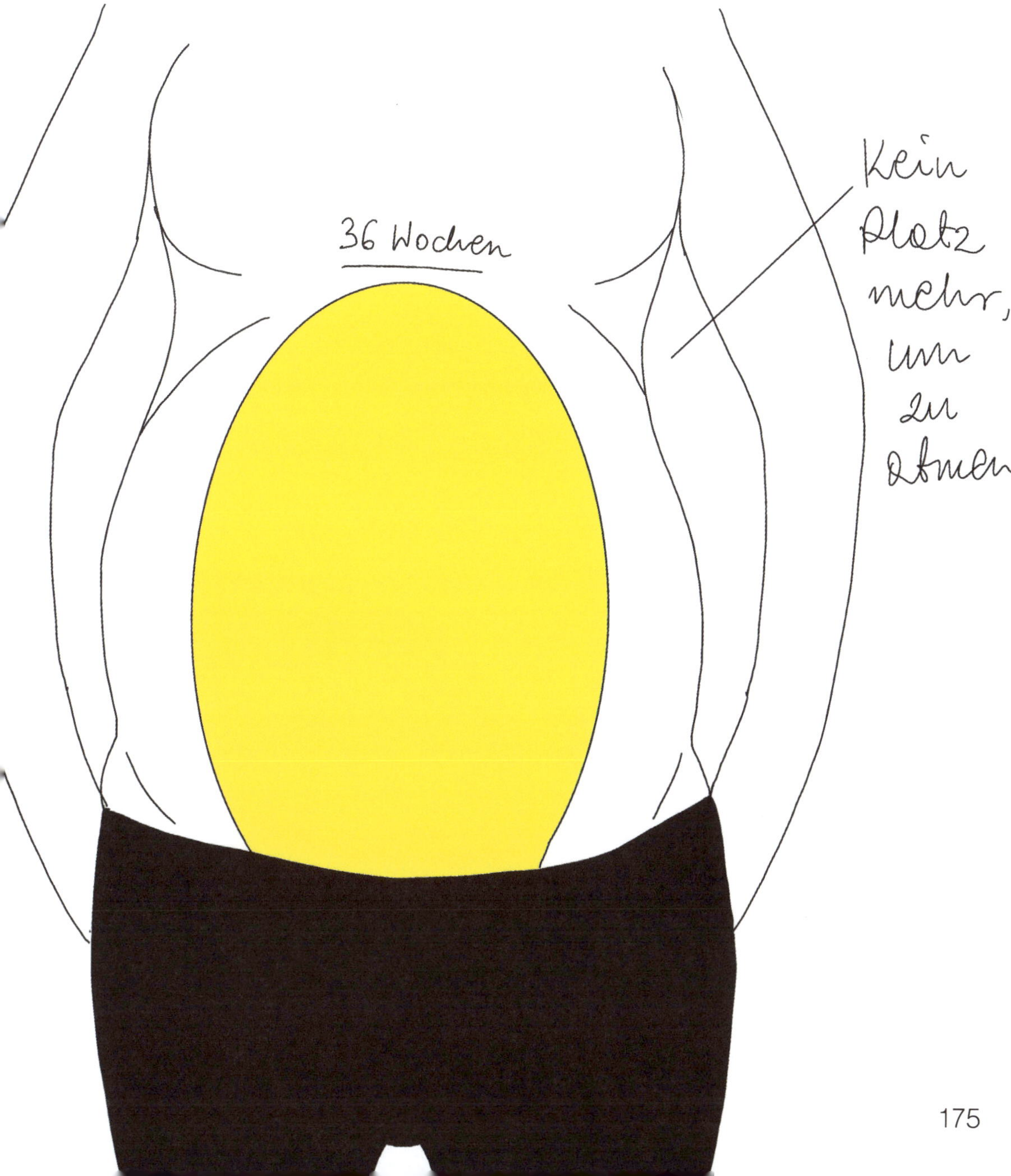

UNFUCKING THE SYSTEM

FREUNDE MIT KINDERN

5 STERNE HOTEL

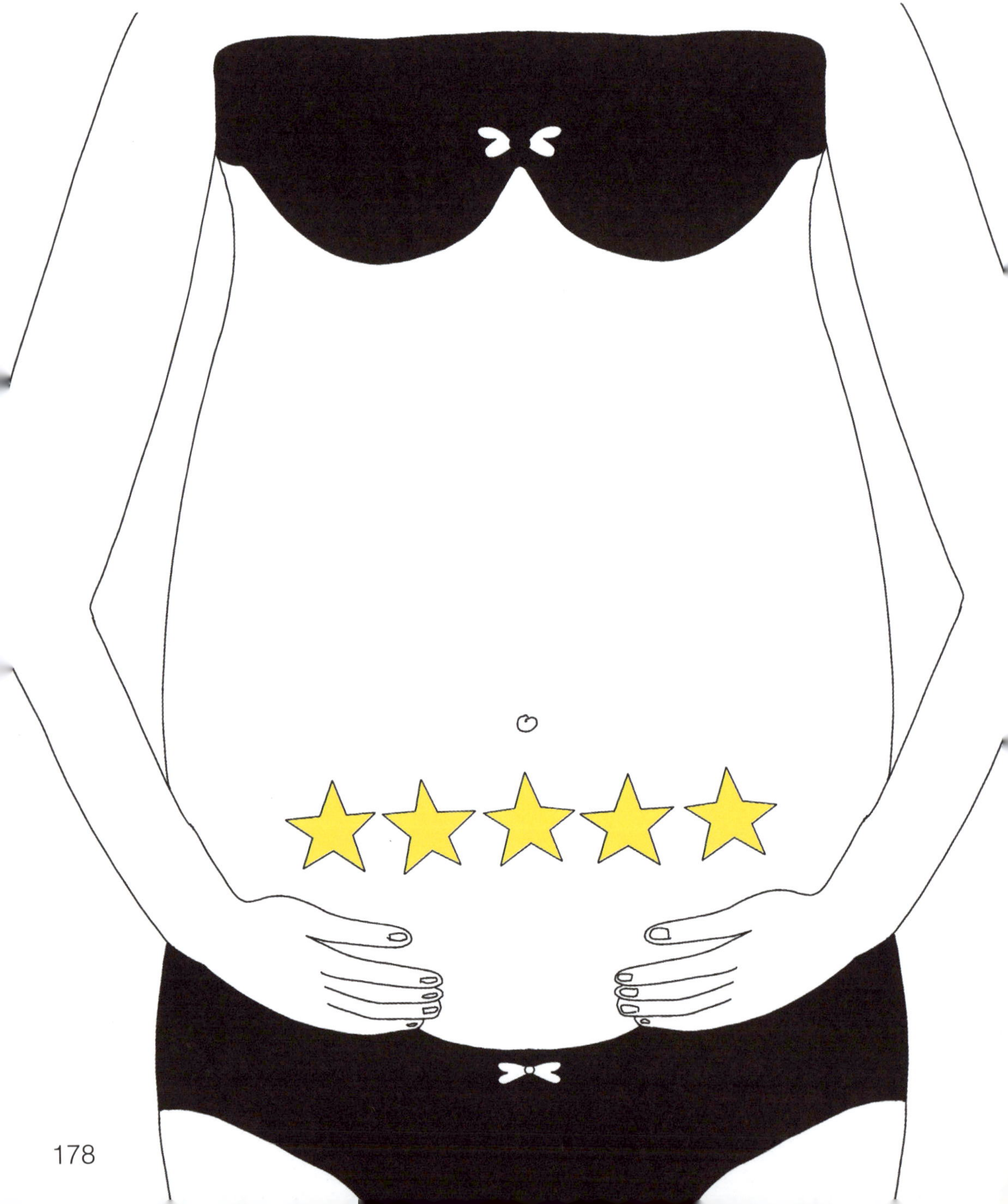

MÜDE. NUR MÜDE.

10 MONAT

WOCHE 37–40

JUCKENDER BAUCH

BEIM ARZT

... circa 50 cm und 3300 g
Oh mein Gott, so groß schon? Ich kriege langsam Angst.

AM LIMIT

Ich bin mit Bus und Bahn durch die ganze Stadt gefahren nur, um am Ziel zu realisieren, dass ich zu müde bin, um an der Veranstaltung teilzunehmen.

REALISTISCHE ERWARTUNGEN

BESTER EHEMANN

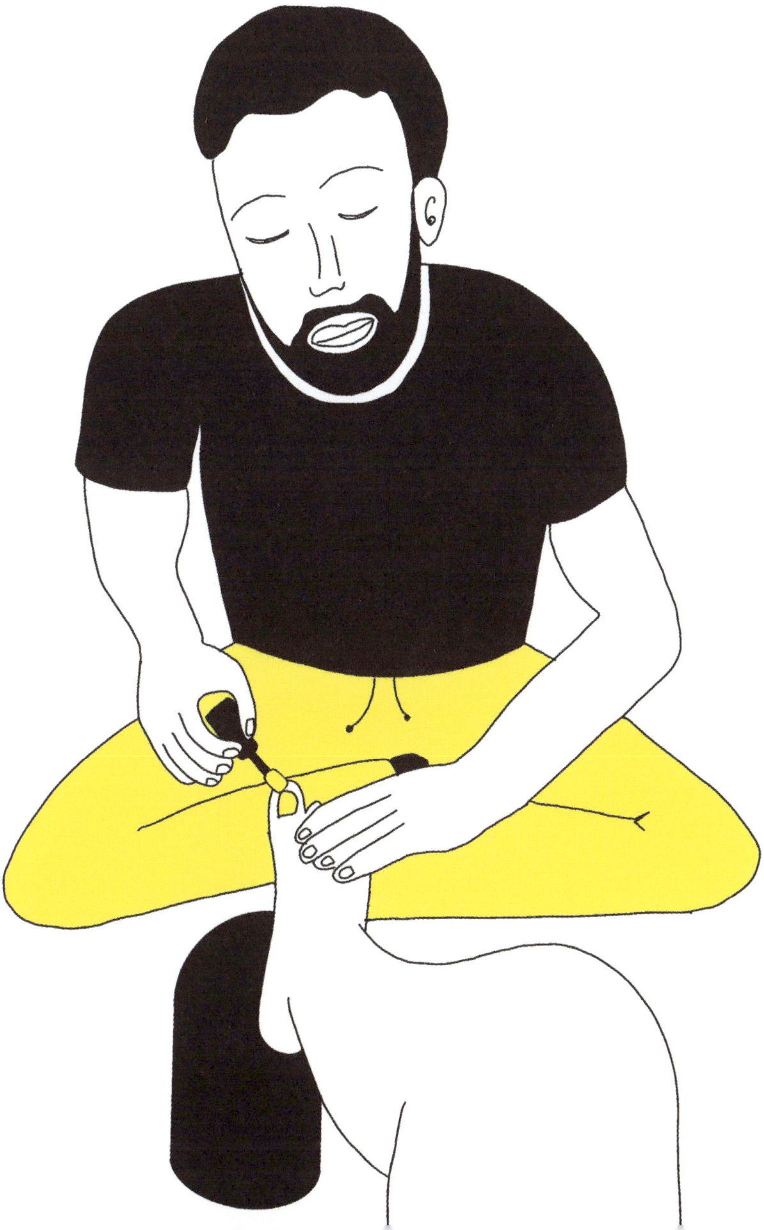

GEWÖHN DICH DRAN

UNGEDULD

Hey Baby, ich weiß, dass es noch 8 Tage bis zum errechneten Geburtstermin sind (an den ich eh nicht glaube) aber ich werde langsam etwas ungeduldig.

DEM BABY HELFEN RUNTERZURUTSCHEN

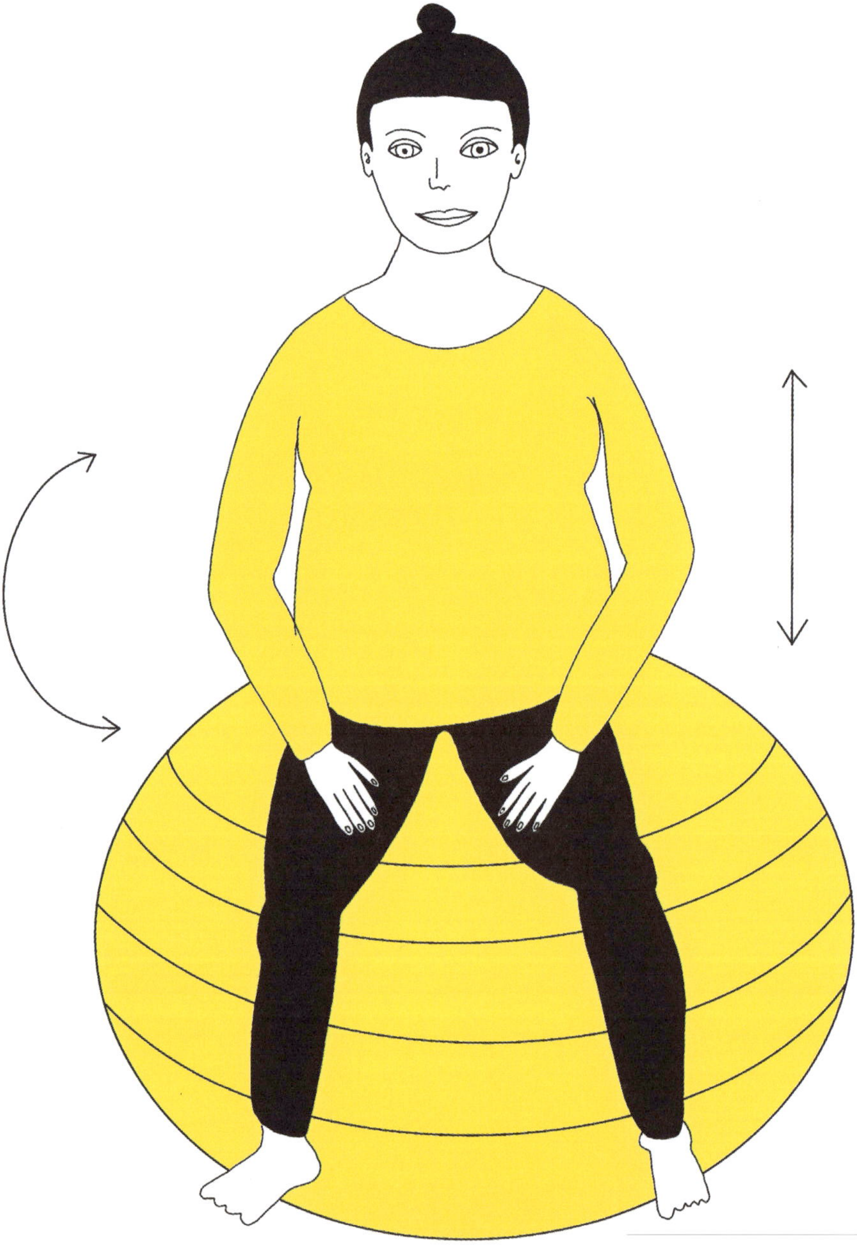

ICH SCHLAFE JETZT EINFACH
BIS DU DA BIST

FREUNDE

Kann ich etwas für dich tun?
wie geht's dir?
09:30
17 NACHRICHTEN
Drücker
Ich schicke dir viel Kraft!
Soll ich rumkommen?
Denke an dich.

Ok!
Los geht's!

Danke, Sebastian und Leon, ohne euch wäre dieses Buch nicht entstaden, auf der sehr offensichtlichen Ebene, aber auch auf allen anderen Ebenen. Danke, Bodo, dass du an das Buch und an mich geglaubt hast. Danke, Jakob, für die vielen Stunden am Telefon, für deine Hilfe, beim Lösen meiner Designprobleme und für deine Geduld. Danke, Marlene, für das Vorwort und die guten Ideen. Danke an Stefanie und Magda für die Hilfe bei der Beantwortung meiner Fragen zu InDesign.
Danke an alle Freunde und Familienmitglieder, die mir zugehört haben, wenn ich dachte, dass ich es nicht schaffen würde und mir immer wieder Mut gemacht haben.

IMPRESSUM

Gestaltung: Karolina Zolubak

Druck vermittelt durch: Couleurs Print & More GmbH
www.couleurs-print.com

Es erscheint eine Vorzugsausgabe mit signiertem Print.

Informationen zum Verlagsprogramm:
www.favoritenpresse.de

ISBN 978-3-96849-082-3